A Christina Arce
422 Hansen Rd N
Brampton ON
L6V 3P7

VIDA DE ATILA

biografía · historia

Marcel Brion

VIDA DE ATILA

VERGARA

GRUPO ZETA

Barcelona • Bogotá • Buenos Aires • Caracas • Madrid • México D.F. • Montevideo • Quito • Santiago de Chile

Título original: *La vie d'Attila*

Traducción: Ana Subijana

© Éditions Gallimard 2006
© Ediciones B, S.A., 2006
   para el sello Javier Vergara Editor
   Bailén, 84 - 08009 Barcelona (España)
   www.edicionesb.com

Impreso en Argentina-Printed in Argentine
ISBN: 84-666-2097-4
978-84-666-2097-0
Depósito legal:

Supervisión de Producción: Carolina Di Bella
Impreso por Printing Books, Mario Bravo 835,
Avellaneda, Buenos Aires, en el mes de agosto de 2006.

ÍNDICE

CAPÍTULO UNO
Entrada de los hunos   9

CAPÍTULO DOS
Alianzas   19

CAPÍTULO TRES
Atila   25

CAPÍTULO CUATRO
El último de los romanos   33

CAPÍTULO CINCO
El rey de los hunos   41

CAPÍTULO SEIS
Política interior   49

CAPÍTULO SIETE
Amenazas   59

CAPÍTULO OCHO
Política exterior   69

CAPÍTULO NUEVE
Embajadas   79

CAPÍTULO DIEZ
Diario de Priscos   89

CAPÍTULO ONCE
El fracaso del complot 107

CAPÍTULO DOCE
Preparativos 115

CAPÍTULO TRECE
El azote de Dios 127

CAPÍTULO CATORCE
Campos cataláunicos 143

CAPÍTULO QUINCE
Tregua 153

CAPÍTULO DIECISÉIS
Campaña de Italia 167

CAPÍTULO DIECISIETE
El arco roto 185

EPÍLOGO 195
BIBLIOGRAFÍA 199
ÍNDICE ONOMÁSTICO 201

CAPÍTULO UNO

Entrada de los hunos

A pesar de los presagios tranquilizadores proclamados por hechiceros y adivinos, la población romana esperaba con inquietud el resultado de la batalla contra las fuerzas de Radagaiso, iniciada en esos primeros días de la primavera del año 405. Éste, llegado a Italia cuatro años antes como lugarteniente de Alarico, la invadía en ese momento por su propia iniciativa, a la cabeza de un numeroso ejército compuesto por eslavos y germanos. A pesar de la habilidad y el coraje de Estilicón, regente de Honorio, el Imperio, vencido en todas sus fronteras por las hordas bárbaras a las que temía y a la vez despreciaba, oscilaba entre enemigos y aliados igualmente peligrosos. Incapaz de defenderse por sí solo, desposeído de su antigua bravura, compraba su seguridad a los jefes extranjeros que aparentemente ponían tropas a su disposición, cuando en realidad aprovechaban los tratados de alianza para instalarse en provincias fértiles de las que se hacía muy difícil desalojarlos. La gran época de Roma había concluido. La nación que había hecho temblar al universo no era más que un amasijo de burócratas puntillosos, eunucos intrigantes, generales sin carácter, aventureros y obispos heréticos. Las luchas religiosas la estaban rematando. Ya no existía ninguna aristocracia digna de conducir a una plebe sin virtudes. Desde las arcas secretas de Ravena o de Constantinopla hasta las últimas fronteras nadie se preocupaba más que del tintineo de las monedas. Las legiones romanas habían conquistado un mercado que había que proteger a toda costa, rutas de comercio que debían permanecer abiertas para la circulación de las mercancías. Quedaba muy poco del espíritu y del arrojo de esas legiones. El soldado fornido, de cabeza redonda, obstinado, avaricioso, pero fiel y obtuso como un perro demasiado bien adiestrado, se había visto sustituido por el mercenario hispano o germano que servía al Imperio porque era incapaz de vencerlo, y por el atractivo de una soldada mediocre.

Mal defendida por estos ejércitos sin espíritu, Roma se enteraba cada día de una nueva victoria de Radagaiso. Los bárbaros se habían abierto paso sin esfuerzo por entre los contingentes de las fronteras, y descendían a grandes jornadas de caballería hacia el objetivo de todos los rencores, de todas las apetencias. Roma todavía podía enorgullecerse de ser el centro de las miradas del mundo. Pero ya no se trataba de admiración, como en los viejos tiempos, en que el *civis romanus* se paseaba por la geografía como amo del mundo, protegido únicamente por su nacionalidad como si de férreos escuadrones se tratara. Tampoco era miedo: de sobra se sabía que el Imperio se tambaleaba y que caería en manos de quien estuviera dispuesto a tomarlo. Pero estos apetitos abundaban demasiado, se equilibraban y se neutralizaban mutuamente, de modo que aunque el imperio se zarandease como un corcho en el temporal, seguía flotando, y cada ola cuidaba de que no se lo tragara la próxima.

Sin embargo, esta nueva crisis parecía más grave que las precedentes. Radagaiso era una bestia obstinada y cruel a la que no podía detenerse mediante la diplomacia. Había jurado asesinar a dos millones de romanos, y era bien sabido que preferiría doblar la cifra que había prometido antes que mostrar clemencia con un solo prisionero. No había que contar con las tropas bárbaras, indiferentes, cuando no abiertamente favorables, al invasor. Los regimientos indígenas tenían poca experiencia y estaban mal equipados. Los visigodos, con su rey Saro al mando, constituían una ayuda importante, pero no cabía duda de que serían mucho más temibles como vencedores que como vencidos. Estos aliados de los romanos les harían pagar cara la victoria si, gracias a ellos, los doscientos mil hombres de Radagaiso caían vencidos antes de haber devastado la ciudad. Se mantenía cierta confianza en un nuevo cuerpo de caballería dirigido por un tal Huldin —a quien Estilicón había reclutado tanto para apoyar a las fuerzas de Saro como para, llegado el caso, combatirlas—, pero estos inquietantes amigos incitaban más al asco que a la simpatía. Eran pequeños y deformes, y sus rostros amarillos, aplanados e imberbes, lo mismo que sus extrañas armas y su lenguaje incomprensible, merecían el desprecio de todos los latinos. ¿De dónde venían? Según la creencia popular procedían de países lejanos, del otro lado del mundo. Los godos, que los conocían bien, puesto que habían sido expulsados por ellos de su país, explicaban que en otros tiempos su rey había perseguido a unas brujas y éstas, huidas al desierto, habían copulado con los demonios de las arenas y del viento. De estas uniones había nacido un pueblo de monstruos —temido tanto por los emperadores chinos como por sus vecinos occidentales— que había abandonado sus guaridas asiáticas veinte o treinta años atrás para extenderse por Europa. Cuando se les preguntaba cómo se llamaban respondían con una sílaba sonora, parecida al relincho de un caballo. De su lengua no se retenía más que esa breve palabra: *iung.* Los romanos la habían suavizado, para adaptar ese grito salvaje a las gargantas latinas: los llamaban «hunos».

Mucho miedo tenían que inspirar a los romanos sus enemigos y aliados para depositar su confianza en esos bárbaros. Los generales habían reconocido sorprendentes cualidades militares en su caballería, que había vencido a todas las naciones de Europa oriental —alanos, vándalos y visigodos— antes de llegar al Danubio. A continuación se habían infiltrado en el Imperio y habían ofrecido sus servicios. Como en ese momento Roma se veía rodeada de enemigos y temía que huéspedes molestos, de exagerada e interesada solicitud, fueran su sostén, le había parecido útil colocar ese contrapeso en la balanza. La caballería huna debería reforzar al ejército que iba a enfrentarse a Radagaiso, y si tras la victoria, Saro se arrogaba la gloria, ya se le quitarían méritos exaltando los de Huldin.

El ejército romano, apoyado por los visigodos y los hunos, se encontró con las hordas de Radagaiso cerca de Florencia. Al principio opuso una torpe resistencia a su caballería, pero en el momento en que flaqueaba, Huldin provocó la desbandada del flanco izquierdo del adversario con sus cargas. Radagaiso fue hecho prisionero y decapitado. La mitad de su ejército fue masacrado, y el resto huyó en desbandada, perseguido por los hunos.

El anuncio de la victoria suscitó una explosión de júbilo en Roma. El entusiasmo era tan intenso como antes lo había sido el pavor que había trastornado a la población. El saqueo de la ciudad parecía inminente, todos temblaban por sus bienes, y la siniestra promesa de Radagaiso atormentaba todos los espíritus. El ejército romano, compuesto en realidad por elementos nacionales sumamente heterogéneos, se había hecho merecedor de los honores del triunfo.

Se decidió recibir magníficamente a los vencedores. El día en que volvieron a Roma, desfilaron bajo arcos de triunfo adornados con trofeos, flores e inscripciones heroicas. El pueblo lloraba de agradecimiento y de alegría. Entre estos gritos de alegría se aclamaba sobre todo a Huldin, que cabalgaba al frente de sus jinetes, cabizbajo y con un porte bestial, junto a Estilicón. A Saro y sus visigodos los habían colocado al final del cortejo, y a los espectadores, que se habían desgañitado al paso de los hunos, les faltó la voz para el resto del desfile.

Los generales romanos, acostumbrados a la ingratitud de la nación, se encogían de hombros. En el ejército no podía prescindirse de los bárbaros. Poco importaba que fueran germanos, francos, alanos o hunos.

Sin embargo, se hacía muy extraño ver desfilar por las calles de Roma a estos soldados que parecían paquetes de pieles, erizados de arcos, de carcajes y de lanzas, montados sobre caballos pequeños y caprichosos. Los habitantes, acostumbrados a armamentos extraños, a las vestiduras abigarradas de los auxiliares bárbaros, miraban a esos nuevos aliados con curiosidad mezclada con temor.

Se decía que Huldin, después de que Roma le encargara castigar al rey bárbaro Gainas, había enviado la cabeza de éste al emperador, envuelta en un saco. Se hablaba de la extraordinaria crudeza de esos asiáticos, de sus costumbres salvajes. Bebían, según se decía, la leche de sus propias yeguas, y comían carne cruda que ablandaban colocándola entre sus muslos y los flancos del caballo. En su país no existían las ciudades, y vivían en carros en los que se apiñaban sus mujeres junto con niños y utensilios domésticos.

Nunca se había visto a bárbaros tan feos. Los germanos, los suevos y los francos tenían un aire feroz, pero al fin y al cabo conservaban un aspecto humano, mientras que esos hunos parecían animales. Nunca se había visto a hombres semejantes, ni siquiera entre los persas, ni entre los etíopes. Tenían la piel de un amarillo oscuro. Brazos largos, tórax ancho, rostro chato en el que los ojos rasgados, tensados hacia las sienes, ponían un destello de astucia y crudeza. El cráneo, deformado desde la infancia por medio de planchas y correas, se alargaba hacia atrás, y eran imberbes, pues se marcaban profundos surcos en sus mejillas con el fin de impedir el crecimiento del pelo. Vestidos con pieles de animal que también les adornaban la cabeza, calzados con correas de cuero, esos hombrecillos de mirada taimada y salvaje habían sembrado el terror entre todos los pueblos de Asia y Europa.

Se desconoce si efectivamente eran hijos de brujas y demonios, tal como decían los visigodos, pero esta leyenda y las narraciones que se hacían de sus destrucciones mantenían sobre sus vecinos un temor continuado. Aparecían de súbito, tan pronto en las fronteras del Imperio chino como en las orillas del Kama. Venían de países lejanos, desconocidos para los pueblos de Occidente. Vivían en las altas mesetas de Asia central, en hordas nómadas, pacíficas siempre que la región les aportase suficientes alimentos a ellos y a sus caballos. Pero habitaban las fronteras del inmenso desierto de arena y sufrían los caprichos de ese terrible vecino que, según se decía, había arrasado para siempre su imperio poderoso y próspero. A menudo las tormentas, que empujan como olas las colinas y modifican en cuestión de minutos el aspecto de un país, barrían la arena profunda y ligera como el agua. La marea amarilla, seca y cálida, avanzaba, invencible, y enterraba los pastos. Los lagos desaparecían, el desierto extendía la esterilidad sobre regiones antes fértiles. El desierto era el más terrible enemigo del nómada. Era él quien devoraba las ciudades y hacía que pueblos enteros tuvieran que salir huyendo, de pronto, por delante de él, simplemente por corrimientos de arena, por ardientes oleadas que aniquilaban todo cultivo. El nómada huía, pero tras de él avanzaba la arena, como una enorme bestia amarilla extendida sobre la llanura, y a pesar del galope de los caballos, sentía esa presencia ardiente y cruel, dispuesta a atraparle, a sepultarlo en su implacable avance.

Los hunos eran los vecinos más cercanos de la arena. Habían aprendido a conocer las tretas de ese enemigo, los imperceptibles estremecimientos de la superficie que anuncian las tormentas. Leían en las ondulaciones que dibujaban curiosos caracteres, lo mismo que en su somnolencia o en su impaciencia irritada, y los caballos relinchaban dolorosamente cuando el viento cálido pasaba rozando la tierra, levantando granos que los cegaban, como presagios de revuelta.

Convertidos en nómadas, se habían adaptado a los peligros de esta vecindad. Su vida era inestable como las dunas que se desbocaban sin cesar, que constantemente volvían a formarse. No tenían ciudades, ni casas, ni tiendas siquiera. Las mujeres y los niños vivían en los carros, los hombres a caballo. En cuestión de minutos, toda la nación estaba dispuesta a ponerse en marcha. Según la dirección del viento y los movimientos de la arena, se dirigían tan pronto hacia Asia como hacia Europa. Acogidos como intrusos por los pueblos que ocupaban las regiones vecinas, se apoderaban por la fuerza de las tierras que necesitaban. Ellos mismos se habían convertido en rápidos, violentos, invencibles como las oleadas de arena, y como ellas, sepultaban las ciudades y los campos. A veces, el pueblo al que amenazaban, presa del pánico, huía e invadía otra nación que se lanzaba a su vez sobre un vecino más débil. De onda en onda, el impacto de la ola de arena en el desierto repercutía hasta las fronteras más lejanas y alcanzaba las murallas de Roma, las torres de Constantinopla, los palacios chinos. En otras ocasiones los jinetes se contentaban con atravesar una provincia y, llevados por la embriaguez de la carrera y por el delirio de aventura, la abandonaban sin destino, al azar, hacia quiméricos botines. Durante largo tiempo habían convivido en buena armonía con los emperadores chinos. Sin embargo, a medida que la arena los empujaba hacia China, éstos, cansados de sus periódicas incursiones, habían levantado la Gran Muralla como un obstáculo entre la solidez del Imperio y la violencia móvil de los nómadas. Escalando las montañas, salvando los ríos, obstaculizando los valles, la muralla desviaba a los hunos hacia Occidente, donde se extendía la vasta estepa libre, abierta hasta el infinito, y sobre la que se podía galopar durante semanas, lejos de la arena.

De este modo, en 374, los hunos salidos de Asia central no se sabe cuánto tiempo atrás, habían cruzado el Volga, y luego habían atravesado el Dniéster, y el Prut, y habían seguido avanzando hasta el Danubio, donde el placer de encontrar una región fértil había hecho que se detuvieran. En esa época el valle del Danubio se asemejaba a un extraño crisol en el que se amalgamaban las razas más diversas. Todos los bárbaros que huían de su país, a veces simplemente por accesos de pánico, bajaban siguiendo los caminos de los afluentes hacia el río, cuyo curso, amplio y rápido, les suponía un obstáculo. Se topaban con otros pueblos ya acampados a sus orillas, y los recién llegados tan pronto eran bien acogidos como encontraban hombres resueltos a no dejarse desposeer, y a los que disputaban los pastos.

A veces el paso de esas oleadas humanas no suponía demasiados daños. Los nómadas no eran destructores. Buscaban asilo, pues a ellos mismos se los había expulsado del hogar. Ciertos bárbaros se instalaban en regiones cuyas costumbres adoptaban, mientras que otros reducían a los indígenas a la esclavitud e imponían su tiranía. Hasta que una nueva horda, más numerosa, barriendo todo lo que se le ponía por delante, se apoderaba a su vez del país deseado. Estas migraciones duraban largos años, siguiendo el ritmo estacional y el azar de los climas.

En el siglo IV el pueblo de los hunos ocupaba toda la región que se extiende desde el extremo oriental de Siberia hasta los Urales y el mar Caspio. Más allá, los conocimientos geográficos de los romanos y godos se perdían en una vasta tierra ignota, poblada de monstruos y de demonios, pero parece verosímil que ocuparan toda la zona habitable, hasta los confines de la arena. Los chinos los conocían desde hacía mucho tiempo, y mantenían con ellos relaciones diplomáticas regulares. En sus crónicas les llamaban Xiongnu y daban cuenta de las guerras, los tratados y las alianzas que se habían sucedido entre el Imperio estable y los caprichosos nómadas. Los historiadores latinos los dividían en dos ramas, la de los hunos «blancos», que constituía la derivación oriental caspia, y la de los hunos «negros», que constituía la derivación urálica. Distinguir entre blancos y negros era, en realidad, un subterfugio de eruditos confundidos en sus clasificaciones, ya que todos pertenecían al mismo tipo mongol, que realzaban más todavía aplastándose la nariz y alargándose el cráneo. Además, a pesar de las mezclas generadas por vecindades e invasiones, existía una casta aristocrática que preservaba la pureza de sangre, la integridad de los rasgos mongoles, y todos, incluso los bastardos de germanos o de escandinavos, querían parecerse, a costa de algunos artificios, a los nobles de rancia estirpe asiática. Desde el punto de vista político, estaban divididos en varios estados independientes. La raza huna, fragmentada por la vida nómada, los azares de los viajes y de las conquistas, se había dispersado. De conquista en conquista había llegado por un lado hasta China, y por otro hasta el Danubio.

Los azares del destino, finalmente, habían hecho de ellos los aliados de Roma. En varias ocasiones habían tomado las armas por su cuenta, contra los bárbaros que amenazaban el Imperio, y su participación era muy apreciada por los generales. Su habilidad con el arco y lanzando la correa de cuero que paralizaba al enemigo era muy celebrada. Desaparecían de pronto, al galope. Podía pensarse que habían huido, pero volvían enseguida, fustigaban al enemigo con sus flechas y desaparecían.

Desde la infancia se les acostumbraba a combatir de ese modo. Cuando todavía eran demasiado pequeños para montar a caballo, se los sentaba sobre las ovejas y se les enseñaba a tirar a pájaros y ratones con arcos minúsculos.

El recuerdo de sus hazañas llenaba las crónicas chinas. Aparecían breve y terriblemente en la historia de las dinastías, y los sabios atribuían un origen misterioso a estos seres extraños que venían de Kuei-Fong, la tierra de los espíritus.

Su raza se dividía en innumerables tribus independientes, la más importante de las cuales, gobernada por la antigua familia imperial, habitaba en la llanura danubiana. Ésa fue la que Roma había reclutado para su ejército, y de ella acababa de servirse para aplastar a Radagaiso.

El emperador Honorio espera a los triunfadores en las escaleras del Capitolio, rodeado de sus ministros y cortesanos. Fanfarrias de trompetas, movimientos de estandartes, amplios gestos con la mano, laureles, discursos. Saro recibe una fría felicitación, pero los abrazos y alabanzas son todos para Huldin. Éste sonríe y, torpemente, se balancea sobre sus piernas arqueadas. Comprueba que las miradas de las mujeres se detienen complacientes sobre él, escucha, sin comprenderlas, las arengas de los ancianos, y bebe de un trago el vino que le ofrecen.

Le presentan a los principales personajes del Imperio, los cónsules, los patricios y los senadores. Empujan hacia él a un grupo de muchachos que en modo alguno parecen romanos, con la rubia cabellera y la piel blanca propia de los bárbaros. Éstos no participan de la alegría general. Son rehenes. Disfrutan de libertad mientras no se alejen del palacio. Los preceptores les enseñan latín y las costumbres romanas. No se sabe qué son exactamente, si huéspedes principescos, estudiantes o prisioneros. Hijos de lejanos monarcas, garantizan la ejecución de los tratados. Roma se guarda así en la mano a los futuros reyes bárbaros, los fuerza a adaptarse a su cultura, los ablanda en su lujo. En realidad, algunos de entre ellos aprenden en las escuelas latinas a odiar y a despreciar al opresor, estudian los defectos y los vicios del Imperio, buscan las brechas que algún día quizá puedan contribuir a ensanchar.

Entre ellos, Huldin distingue a un adolescente parecido a los de su raza, un niño de piel amarilla y ojos rasgados que revelan su origen mongol. Se adelanta hacia él y le tiende la mano, amigablemente.

—Es el hijo de Mundzuk —dice un oficial.

Huldin conocía bien a Mundzuk, el rey de los hunos, muerto hacía sólo unos años y al que había sucedido su hermano, el rey actual, Rua.

—El hijo de Mundzuk... —repite con sorpresa, y hace ademán de acariciar en el hombro al muchacho. Pero éste se aparta con un gesto de odio y asco. Huldin, sorprendido, se aleja y le pregunta a un oficial romano:

—Mundzuk tuvo muchos hijos. ¿Cómo se llama éste?

—Atila —responde el oficial. Y añade, con desprecio—: Siempre tiene este aire irritado y desconfiado, como de bestia salvaje. ¡No hay quien lo entienda! ¡Ese pequeño debería alegrarse de ver a uno de sus compatriotas!

CAPÍTULO DOS

Alianzas

La diplomacia romana, con la preocupación de conservar su prestigio entre los bárbaros y de atraer a sus soberanos, encontraba en el empleo de los rehenes un excelente medio de aumentar su propaganda, de
ubicar a sus espías y de mantener bajo control a la familia de los aliados
sospechosos. Como intercambio de los jóvenes príncipes a los que ofrecía hospitalidad, Roma, por su parte, instalaba a hijos de sus familias
nobles en los hogares de sus amigos bárbaros. En uno de esos trueques
políticos, Rua, rey de los hunos, aliado de los romanos, había enviado a
su sobrino Atila, cuando éste tendría unos diez años, a la corte de Honorio, en el mismo momento en que él recibía a cambio a un joven patricio de la misma edad, Aecio, perteneciente a una familia noble de Panonia. La alianza de los romanos y de los hunos era el resultado de maniobras
diplomáticas bastante turbias y pérfidas, que se habían hecho habituales tanto en la corte de Constantinopla como en la de Roma. El Imperio dividido en dos que Estilicón se había esforzado vanamente en unir
de nuevo se encontraba en la situación de los protectores caídos en desgracia, que todavía viven de su crédito, pero que en realidad tienen que
apoyarlo sobre numerosas protecciones. Rodeado de vecinos amenaza-
dores, siempre dispuestos a atacarle cuando tenían el capricho de hacerlo,
no podía salvar su prestigio más que llamándoles en el mismo instante
en que iban a invadirlo. Con la soldada compraba entonces su alianza o
su neutralidad. Ciertos reyes bárbaros, más sinceros que corteses y poco
interesados en salvar el amor propio de los emperadores, persistían en
decorar esta soldada con el nombre de «tributo», pero el Imperio se

empeñaba en considerar todavía como servidores a los que en realidad eran sus carceleros y sus amos.

Las alianzas romanas siempre habían obedecido a cálculos sutiles, pero la gran política de antaño se había acabado. Era fácil hablar alto si se disponía de ejércitos numerosos y disciplinados, pero cuando el imperio, espiado por enemigos ávidos en todas sus fronteras, exteriormente desmembrado y dividido en dos grandes estados, ambos minados en su interior por intrigas y discordias, vacilaba, se hacía mucho menos exigente en la elección de sus aliados. El medio más seguro era unirse a sus vecinos cuando ya no se sentía con fuerzas para vencerlos. Las formas permanecían intactas. Los romanos seguían persuadidos de que para los bárbaros sería un gran honor permitirles servir a sus órdenes a cambio de un poco de dinero. «Tributo», decían los jefes germanos. «Sueldo», corregían los embajadores que les pagaban. De todos modos, mientras el Imperio fuera rico, podía permitirse apaciguar a los enemigos pobres y ávidos. El dinero romano los convertía en conciliadores, inofensivos, y dejaban que los despachos triunfaran en esta querella de palabras. Para ellos lo esencial era que sueldo o tributo se pagara regularmente y en moneda corriente. En cuanto a la población latina, se alegraba de que los mercenarios les sustituyeran en las necesidades militares. Libres de un servicio fatigoso, de las expediciones coloniales, de la defensa de las fronteras, los hombres podían dedicarse sin ataduras al comercio y a la industria que les ocupaba, con lo que las guerras defensivas u ofensivas, que otros hacían en su lugar, les parecían un asunto cada vez más lejano. Cuantos más soldados extranjeros entraban al servicio de la nación, menos obligaciones militares tenían los nacionales. Los ejércitos no tardaron en verse invadidos por una curiosa mezcla de razas. Primero los cuadros siguieron siendo latinos, pero luego los generales extranjeros recibieron los grados superiores y Roma se abandonó plenamente a las cohortes germánicas, iberas, escandinavas, eslavas y por fin asiáticas que la protegían.

Todos los pueblos de la Europa oriental, expulsados de sus hogares por la invasión de los hunos, habían buscado refugio en Galia, en Hispania, en África. Los más débiles se habían puesto a sueldo del Imperio, contento de adquirir soldados valientes a cambio de algunas tierras abandonadas que se les concedían.

Roma se esforzaba en equilibrar mediante estas alianzas la fuerza de sus enemigos, y también en mantener entre sus propios aliados las suficientes enemistades como para impedirles unirse contra ella.

Cuando los visigodos, expulsados por los hunos, se establecieron en el Imperio, se mostraron amenazantes. Acogidos en principio por el emperador Valente y maltratados por sus soldados, le vencieron en Marcianópolis y en Andrinópolis. Teodosio los sometió y los incorporó a su ejército. Quince años más tarde Alarico los llevaba a rebelarse, lo que dio lugar a la estratagema de Rufino, ministro de Arcadio, quien salvó Constantinopla dirigiendo la avidez de los visigodos hacia el Imperio de Occidente. Establecidos en Aquitania, normalmente mantenían relaciones bastante buenas con Roma, pero su poder se hacía cada día más peligroso, y el gobierno se preguntaba qué contrapeso podría oponérseles. Y se pensó en los hunos.

Acampados en la margen izquierda del Danubio, los hunos vivieron en paz durante algunos años, pero estaban demasiado habituados a la vida nómada, a la aventura, como para resignarse durante demasiado tiempo a la inacción. Habrían deseado atravesar el río para ver lo que encontraban al otro lado, pero las máquinas de guerra que los romanos habían dispuesto en los lugares de paso les infundían respeto. Sin embargo, cansados de su inactividad, remontaron hacia el norte y se aventuraron en pequeños grupos a explorar el bosque Herciniano. Los exploradores llegaron incluso hasta un gran río al que los habitantes de la región llamaban Rin. Pero fueron muy mal recibidos por estos pobladores, los burgundios, que los trataron como intrusos y les obligaron a batirse en retirada. Estos germanos renanos, blancos y rubios, eran corpulentos, atrevidos y vigorosos, y ocupaban todo el país que se extiende entre el bosque y el río. Tierras maravillosamente fértiles, a decir de los exploradores, y que podrían resultar útiles una vez agotados los recursos que ofrecía el valle del Danubio. Pero los burgundios, que habían demostrado su bravura, eran unos intrépidos guerreros, dignos de medirse con los hunos, y no dejarían que los echaran sin combatir.

En esta época el rey Oktar reinaba sobre la nación huna. Había sucedido a su hermano Mundzuk y compartía el poder con sus otros dos hermanos, Aebarso, que gobernaba las tribus caucásicas, y Rua. Oktar, tentado por la aventura, decidió adentrarse en el país de los burgundios. Si los hunos resultaban vencedores, la conquista de una región fértil proporcionaría un rico botín, y, de cualquier modo, sería la ocasión de examinar los recursos del lugar, de desoxidar las armas y de despertar las cualidades guerreras de la raza reblandecidas por la paz. Con la mitad del ejército se dirigió hacia el bosque Herciniano. Ya desde los primeros combates venció a los burgundios.

Los éxitos obtenidos por Oktar en estos encuentros coincidieron con una crisis religiosa y política que reinaba entonces entre los renanos. Tras algún tiempo éstos estaban descontentos de sus reyes y de sus dioses, y se me ocurre la idea de sustituir tanto a unos como a otros. Las victorias de los hunos confirmaron su disgusto. Si sus ídolos y jefes no eran capaces de defenderlos contra el enemigo, lo que convenía era cambiarlos cuanto antes mejor. Los misioneros cristianos que hasta entonces habían intentado en vano convertirlos, les alentaban a desembarazarse primero de sus dioses —la victoria, decían, llegaría por añadidura—, y como los burgundios seguían dudando, llamaron a toda prisa al obispo de Tréveris, Severo, famoso entonces por su elocuencia y poder de persuasión. Severo acudió y les demostró que los hunos eran unos paganos detestados por el Dios de los cristianos, y que ese Dios se encargaría de vencerlos si los renanos abrazaban su religión. La nación burgundia, con entusiasmo, se convirtió por entero, y bautizados y bien armados, seguros de su triunfo, los neófitos se lanzaron sobre la horda de Oktar y la obligaron a huir.

El Imperio de Oriente vigilaba con atención los movimientos de los hunos. Cuando en Constantinopla se supo que Oktar había salido de su capital danubiana con parte del ejército huno para atacar a los burgundios, dejando el gobierno de la nación a su hermano Rua, los diplomáticos bizantinos vieron también en esta división la oportunidad de debilitar a esos peligrosos vecinos. ¿Por qué no aprovechar la ausencia de Oktar para alejar a Rua del Danubio, proponiéndole entrar al servicio de los romanos? Esta política tendría la ventaja de desmembrar a los hunos y de aportar nuevos contingentes a los ejércitos del Imperio, siempre escasos de personal. Los Imperios de Oriente y de Occidente los compartirían.

Tras absorber de este modo a la primera mitad de los hunos, no habría más que esperar el resultado de la conquista de Oktar. Si resultaba vencido, Rua se convertiría en un personaje demasiado débil como para inquietar al Imperio. Si volvía victorioso y amenazador, Rua, convertido en vasallo de Constantinopla y Roma, se le opondría.

Rua no fue consciente de la trampa que le tendían. Tras la partida de su hermano se aburría y envidiaba a los que combatían mientras él languidecía en una despreciable inactividad. Los enviados de Teodosio II, emperador de Oriente, elogiaron su valor guerrero. Traían para él un proyecto de tratado y la oferta de un sueldo anual de 350 libras de oro si aceptaba servir al Imperio. El acuerdo estipulaba también un reconocimiento recíproco de las fronteras, con los romanos salvaguardando la propiedad de la margen meridional del Danubio, mientras que la margen septentrional se libraba a los hunos.

Un importante ejército huno partió hacia Constantinopla, y otro comandado por Huldin hacia Italia. El Imperio romano se sintió liberado de un grave peligro. A partir de ese momento los hunos, divididos, ya no serían tan inquietantes. Como garantía de fidelidad, Rua envió a uno de los hijos de Mundzuk, Atila, a la corte de Honorio.

CAPÍTULO TRES

Atila

Atila era hijo de Mundzuk, que era hijo de Turda, que era hijo de Scemen, que era hijo de Eté, que era hijo de Opos, que era hijo de Cadicha, que era hijo de Berend, que era hijo de Sultan, que era hijo de Bulchu, que era hijo de Bolug, que era hijo de Zambur, que era hijo de Zamur, que era hijo de Reel, que era hijo de Levente, que era hijo de Kulche, que era hijo de Ompud, que era hijo de Miske, que era hijo de Mike, que era hijo de Bezter, que era hijo de Rudli, que era hijo de Chanad, que era hijo de Bukem, que era hijo de Bondofort, que era hijo de Tarkans, que era hijo de Otmar, que era hijo de Radar, que era hijo de Beler, que era hijo de Kear, que era hijo de Kevé, que era hijo de Elad, que era hijo de Dama, que era hijo de Bor, que era hijo de Nembrot, que era hijo de Chus, que era hijo de Cham. Descendía de la vieja familia imperial que reinó en tiempos sobre la poderosa nación de los hunos. Más allá de estos antepasados, se reunía en la leyenda con Cham, y el mito hacía remontar su genealogía incluso hasta el ave Astur, que algunos denominan Schongar, el rey de los seres voladores, con una corona ceñida a la cabeza.

Nació hacia 395 en uno de los carros de la horda que acampaba, en esa época, en la llanura danubiana.

El niño recibió el nombre de Atila, que significa «pequeño padre», quizá porque éste era también el nombre del Volga, al que su padre Mundzuk tenía en gran veneración. Los hunos no poseían ninguna religión nacional, adoptaban generosamente todos los cultos de los países que conquistaban, y Mundzuk mostraba una devoción particular por los ríos. También se afirma que Atila, o Atli, Etzel, como todavía se le denomina a veces, quería decir en lenguaje huno «hierro», y que Mundzuk, previendo el gran destino de conquistador reservado a su hijo, le había conferido al mismo tiempo que este nombre temible un porvenir magnífico.

Hacia la misma época nacía en Durostrorum, en la provincia panoniana de Silestria, sometida a los romanos, y en el seno de la familia de Gaudencio, jefe de la milicia, un niño al que llamaron Aecio. El azar, o más bien ese espíritu misterioso que preside los juegos de la historia, creaba al mismo tiempo a los dos protagonistas del gran drama occidental, a los dos hombres que iban a enfrentarse, al jinete asiático jefe de las hordas dispuestas a invadir toda Europa y al general germano sometido a Roma que fue, tras Estilicón, «el último de los romanos», el escudo de Occidente contra la invasión oriental.

La capital huna, constituida por un extenso campamento de carros, agrupaba a la horda que, incluso convertida al sedentarismo, no abandonaba las formas de la vida nómada. Ésos eran sus alojamientos familiares, y con ellos seguían de lejos a los ejércitos, sin ninguna impaciencia, en interminables migraciones. El nómada tiene conciencia del tiempo, es decir, de su lógica y de su permanencia, y concilia virtudes que al sedentario le parecen contradictorias y antónimas: disponibilidad, paciencia, celeridad, optimismo y resignación. Quien posee la inmensidad del mundo que se extiende ante sí soporta con la misma facilidad todas las prisas y todos los retrasos. Los obstáculos que se atraviesan en su camino ponen a prueba su valentía y su ingenio. El correr de las estaciones marca el ritmo de la marcha, y la abundancia de los pastos determina las paradas. Es libre porque no está sometido a leyes que no sean las de la naturaleza, y se acostumbra tratar las fuerzas humanas como fuerzas naturales. Contra una tormenta de arena no se lucha, pero ¿a quién se le ocurre abandonar un vergel antes de haber recogido todos sus frutos? Utilizar a los hombres del mismo modo que los elementos, ésa era la política rudimentaria y sabia de los reyes nómadas, y en los profundos cálculos de Atila, en sus más ambiciosos sueños, siempre daremos con ese carácter práctico, inmediato, que le hará esperar el momento propicio antes de iniciar una acción, y evitar un obstáculo antes que perder el tiempo derribándolo.

Mientras que su ejército conquistador se lanzaba al galope de sus caballos, la población civil seguía en sus carros, consumiendo todos los recursos de una región antes de reiniciar la marcha. Siempre disponía de suficientes soldados para protegerla, y el pavor que entre los indígenas suscitaba el paso de la horda revestía a sus miembros, aunque fueran desarmados, de un respeto prudente que prevenía cualquier tentativa de insurrección. Una parte de la nación se establecía en la región conquistada, de manera proporcional a los recursos que ésta ofrecía. El resto proseguía el camino. Por pequeñas etapas, los carros cubiertos de pieles en los que se amontonaban mujeres y niños junto con el tesoro dispar de los saqueos ocupaban los valles con su griterío, en un tumulto que se apretujaba en los desfiladeros para luego expandirse sobre los llanos. El paso de los ríos les llevaba semanas, y estos largos viajes monótonos, en los que se sucedían a igual ritmo los traslados y las paradas, imponían su vaivén, que es la cadencia del tedio y de la calma, de canciones interminables cuyas notas agudas y guturales cubrían el restallido de los látigos y el relincho de los caballos.

En cuanto las piernas del pequeño Atila fueron lo bastante fuertes para estrechar los flancos de un caballo, dejó el carro de las mujeres y se convirtió en discípulo de los guerreros. Aprendió a servirse de las armas, se le enseñaron las leyendas de su raza y los deberes de su condición. Pronto vivía a caballo, como los hombres, y ninguno fue más hábil que él en el arte de tensar el arco, ni con el lazo, ni en el manejo de la lanza o de la espada. Esta vida libre y excitante le embriagaba. Conoció los largos viajes a través de las llanuras interminables y los caminos de montaña, el pillaje de las ciudades y de los villorrios. Aprendió a venerar la hierba que alimentaba a los caballos, pues sin caballo el hombre se ve privado de la mejor mitad de sí mismo. El terror de las poblaciones que se marchaban precipitadamente ante la llegada de los hunos le enseñó el orgullo de la fuerza y el desprecio hacia los débiles. Cuando la ausencia de enemigos les forzaba a la paz, se dedicaban a perseguir bestias feroces, y Atila cabalgaba tras los rápidos jinetes en las más peligrosas expediciones. Mató a osos y lobos, a los que capturaba lanzándoles una red y abriéndoles luego el pecho con un puñal corto.

Cuando su padre murió, sus tíos lo enviaron como rehén ante el Imperio romano. Aprovecharon la ocasión para alejarlo, pues ya presentían que ese niño podía convertirse en su rival. Ya se permitía juzgar los actos de los reyes hunos, y con una intransigencia infantil criticaba su sumisión al servicio de los extranjeros, cuando habrían podido vencerlos tan fácilmente. Los tíos preferían a su hermano Bleda, de carácter dócil, desprovisto de ambición. Creían que la corte de Roma iba a encargarse de abatir o de ablandar a ese muchacho demasiado precoz. Así, al tiempo que le hacían un gran honor al emperador enviándole al mismísimo hijo de Mundzuk, se desembarazaban de un testigo cuyas críticas les importunaban.

Después de Balamir, quien había conducido a los hunos hasta Europa, la política de los jefes se había conformado con adaptarse al azar de las circunstancias. Se contentaba con pequeños triunfos, obtenidos sin esfuerzo, pues el mero nombre de los hunos inspiraba un gran temor entre los pueblos de Oriente y Occidente. En la vertiente europea habían empujado ante ellos, sucesivamente, a todas las naciones que vivían entre Siberia y el Danubio. Miraban con avidez, pero de lejos, los tesoros de Roma y de Constantinopla. Alejados de ellos por enormes extensiones, no habían mantenido la relación con los hunos de Asia, quienes por su lado intentaban, a pesar de la Gran Muralla, infiltrarse en el Imperio chino. Las intrigas, las vanidades de los jefes, fragmentaban la nación en pequeños clanes que, al hacerse independientes, saqueaban por su cuenta o alquilaban sus servicios a los pueblos que los solicitaban. La familia real que reinaba a orillas del Danubio no ejercía sobre ellos más que una autoridad precaria y teórica.

Los reyes que trataron con Roma no eran lo bastante perspicaces como para percibir el terror que suscitaban a los emperadores los enemigos y sus aliados, ni que ésta era la causa que les llevaba a asociarse con ellos. El antiguo poder del Imperio invencible se había derrumbado en todos los dominios, pero conservaba todavía en el vocabulario de los embajadores su nobleza y prestigio. Los enviados hablaban con la misma elocuencia altiva y amenazadora que antaño empleaban los mensajeros de César, y eso seguía impresionando a los «bárbaros». Roma vivía de su reputación, de la hábil propaganda que había extendido sobre Europa y en Oriente durante varios siglos, y los que se detenían ante la fachada podían admirar todavía su organización, su compacta solidez. De más cerca podían distinguirse ciertas grietas, pero en cuanto se miraba por detrás de dicha fachada, en lugar del majestuoso palacio que anunciaba no se encontraban más que estancias vacías y deterioradas, muros que se venían abajo, bóvedas hundidas. La solemnidad de los discursos, el lujo y el orgullo de los emperadores disimulaban las ruinas, y el miedo que Roma había inspirado a todos sus vasallos y enemigos seguía surtiendo efecto, aunque ya no hubiera nada que temer. Sus golpes habían sido tan brutales que habían disuadido cualquier esperanza de revuelta y de independencia hasta mucho después de que dejara de ser temible. En ese momento, cuando la menor de las tormentas podía inundar y destruir la ilusoria fortaleza, se mantenía en pie apoyada en las estratagemas de una política que remplazaba la fuerza por la perfidia, y que en lugar de combatir a sus adversarios, compraba sus alianzas.

Inconscientes de su superioridad, los bárbaros se dejaban engañar y se agotaban guerreando entre ellos por pretextos fútiles que la cancillería romana sabía provocar en los momentos críticos.

Los jóvenes rehenes que eran los huéspedes del emperador y que le seguían en sus desplazamientos de Ravena a Roma, y de Roma a Ravena —*ubi imperator, ibi Roma*— se maravillaban de esta existencia fastuosa tan diferente de la ruda simplicidad que habían conocido en sus palacios, y como en su mayoría eran muy jóvenes, la curiosidad de una vida nueva, las diversiones incesantes, las lecciones de los maestros que exaltaban la antigua gloria del Imperio, eran como cortinas que les impedían ver la debilidad real del coloso. Cuando escribían a sus padres alababan la belleza de Italia, el orden y la fuerza de las instituciones, e inconscientemente aumentaban el prestigio que la rodeaba, se convertían a su vez en agentes involuntarios de su propaganda. Entraban en disputas sobre quién hablaba mejor latín, sobre quién vestía mejor según las modas romanas. Se establecían relaciones amorosas, vigiladas y fomentadas por los diplomáticos. Las cortesanas recibían sus instrucciones de la cancillería, manipulaban sin esfuerzo a los jóvenes, y cuando a éstos les llegaba la hora de subir al trono, se llevaban con ellos a bailarinas y músicos, a sastres, a poetas, a peluqueros, y reconstruían, mal que bien, en su corte bárbara, las delicias romanas.

La literatura no era el menor instrumento de esta propaganda. Exaltaba la grandeza de la antigua Roma. Por su mediación los éxitos se transformaban en triunfos, y las derrotas desaparecían. Repetida por inscripciones altaneras, los monumentos, los poemas, las narraciones históricas, la grandeza romana se convertía en una obsesión a la que los jóvenes bárbaros se resistían difícilmente. Querían a su vez parecerse a los romanos, pero al ignorar a los de otros tiempos no podían evitar imitar a los de entonces. Descartaban sus vestiduras rudas y sin gracia porque provocaban la risa de las mujeres, y para ser de su agrado se esforzaban en parecerse a los favoritos del emperador y olvidaban a sus héroes, y a sus dioses, llevados por las delicias voluptuosas y por el prestigio de la reputación. En realidad, en todos esos intercambios salían perdiendo, puesto que quedaban desarmados de sus virtudes bárbaras sin adquirir las cualidades romanas, y se contentaban con imitar los detalles superficiales, la manera de peinarse y de llevar la toga, de pronunciar ciertas palabras...

Atila, bruscamente desplazado desde el valle del Danubio a Roma, vagaba por el palacio como una fiera enjaulada. Se asfixiaba en las salas perfumadas. El lujo que fascinaba a los otros rehenes le asqueaba. Se acordaba del carro real, del palacio de madera junto al río, de las tiendas de cuero. Acostumbrado a la leche de yegua, a la carne dura, escupía los elaborados platos que preparaban los cocineros. Todo se le hacía hiriente, le oprimía, en esas estancias suntuosas en las que se sentía prisionero. Procuró despertar el espíritu de independencia de los camaradas para empujarlos a la rebelión, pero no obtuvo más que burlas. Intentó, inútilmente, escapar. Finalmente renunció a la lucha, prometiéndose retomarla más tarde, cuando fuera más fuerte, y con toda su inteligencia, con todo su odio, observó. Algunos compañeros también fingían docilidad, pero detestaban Roma. Como ellos, se calló, sometido en apariencia, pero sin dejar de mirar a su alrededor, sin perderse una palabra. Espiaba la llegada de los correos, las entrevistas de los ministros. Atento al menor indicio, percibió las intrigas de la corte, las dificultades de la política extranjera, la falta de dinero, el mal estado de la flota, la debilidad del ejército. Disimuló su cólera y su asco, pero nunca pudo vencer su desprecio hacia los jefes hunos que servían a los romanos. En su ambición ya se dibujaba un vasto proyecto en el que no se admitía la posibilidad de que un solo jinete asiático estuviera a sueldo del extranjero. Tras su llegada al poder, ésa sería la primera reforma que llevaría a cabo en todo el territorio del Imperio. Todas las fuerzas hunas volverían a la nación, ni un solo soldado huno permanecería en el extranjero al servicio de los enemigos de su raza que, a veces, le obligaban a combatir a sus hermanos. Restauraría la unidad de su pueblo, y luego aplastaría Roma y Bizancio, y conquistaría Persia y la India, y destruiría la Gran Muralla...

Pronto conocería mejor que los ministros romanos la situación interior y exterior del país. Guardaba en la memoria nombres y cifras, para utilizarlos más adelante. Los romanos se reían del carácter brutal y taimado de aquel niño. No podían presentir la fuerza que el odio, lo mismo que el conocimiento que había adquirido de sus debilidades y defectos, amasaba en esa voluntad fuerte y aplicada, segura ya de su triunfo.

La oscuridad envuelve la infancia y la juventud de Atila. Parece que en esta misma ignorancia en la que nos encontramos en cuanto a sus actos y sus pensamientos se prepara un porvenir maravilloso. Mientras fue rehén en Roma, y más tarde, cuando volvió a la capital huna junto al Danubio, Atila supo sacar provecho de esta admirable virtud asiática, la paciencia. Esperó el momento favorable, la muerte de sus tíos que le devolvería el poder, la mayor decrepitud de los dos Imperios que haría posible apoderarse de ellos, ese instante que debe llegar y que los orientales esperan con optimismo, resignación, certeza. Nunca intentó avanzarse a los acontecimientos. Sabía que los hechos deben madurar como frutos y que basta con saber recogerlos en el momento oportuno. No intentó intervenir en la política de Rua, hizo algunos viajes a Asia, cazó... Sin impaciencia, sin cólera, esperó. Tenía confianza en su destino. Esperaría así toda su vida, si era necesario, con tal de que un día pudiera realizar sus proyectos.

Pero en el silencio de esta existencia solitaria y meditativa, la ambición construía pacientemente un plan inmenso. No se trataba de ningún sueño, sino de un proyecto minuciosamente estudiado, examinado con una precisión realista y práctica. Un proyecto que las circunstancias hacían posible, y que se bosquejaba en la mente del joven jefe con una prodigiosa nitidez. Y este proyecto estaba previsto y reglado con tal exactitud que parecía tenerse que aplicar en el mismo momento en que Atila, saliendo de su oscuridad, se pondría a la cabeza de la nación huna.

Cuando se enteró de la muerte de Oktar en la tierra de los burgundios, tras una orgía, Atila vio que el objetivo se dibujaba más cerca de él. Aebarso reinaba en el Cáucaso entre poblaciones indisciplinadas, solamente le molestaba Rua. Su hermano Bleda, aunque fuera mayor que él, no iba a molestarle demasiado. Es sorprendente que Atila no matara a su tío Rua para sucederle más deprisa. A menudo debió de pensar que dicho asesinato era necesario y urgente, pero vacilaba. Quizá porque sus proyectos todavía no estaban del todo a punto. Así pasaron largos años, inactivos en apariencia, pero útiles para asegurar la dominación del futuro rey sobre todas las tribus hunas. Atila estudiaba los recursos de su pueblo. Observaba la política de Ravena y de Bizancio. Esperaba.

En el curso del año 434, las relaciones entre Rua y el Imperio de Oriente se enturbiaron. A pesar de la buena voluntad que había demostrado desde hacía mucho tiempo hacia el Imperio, y del apoyo prestado en diversas guerras, el rey huno se enfadó. Constantinopla había apoyado en secreto la revuelta de algunas naciones danubianas: los titimaras, los amilzurianos, los tonosurianos, a las que Rua consideraba sus vasallos, y cuando se había visto obligado a reprimir con dureza la revuelta se había encontrado con armas romanas, con dinero romano en manos de los instigadores. El gobierno de Teodosio II, aplicado en disminuir sistemáticamente el poder y el prestigio de sus aliados, había secundado estas tentativas de independencia, pero sus emisarios habían actuado torpemente y habían puesto al Imperio en un compromiso. Rua exigía sanciones.

CAPÍTULO CUATRO

El último de los romanos

El Imperio de Oriente y el de Occidente, ambos poseedores de contingentes hunos, se inquietaron por estas amenazas. Uno y otro eran absolutamente incapaces de proporcionar los hombres y el dinero necesarios para una guerra. Dado que Constantinopla había subvencionado a los danubianos insurrectos, de acuerdo con Roma, el emperador Teodosio II no quiso asumir en solitario la responsabilidad de la decisión y consultó a Valentiniano III, emperador de Occidente.

Éste, que había recibido la púrpura nueve años antes, preocupado solamente por los placeres e indiferente a los asuntos del reino, disponía en su corte de mil servidores inútiles, eunucos que se disputaban las funciones políticas y militares, mujeres hábiles en la intriga, ministros dedicados al pillaje del tesoro, pero en este desorden sólo podía interrogar con utilidad a un hombre cuya opinión fuera sincera, honesta y desprovista de cualquier interés personal. Un hombre al que su madre Placidia detestaba y al que perseguía con su odio a pesar de los servicios que ofrecía al Imperio. Es posible incluso que lo detestara todavía más por el agradecimiento que le debía, por el temor que le inspiraba la influencia que este hombre podría tener sobre el espíritu de su hijo. Este hombre, al que alternativamente se adulaba y condenaba, colmado de honores y luego caído en desgracia, este hombre que no conocía más que a un amo, el Imperio, era Aecio.

El resto del personal político constituía una multitud taimada y vil, guiada por la ambición y la voluptuosidad, las ganas de medrar, dividida por las ligas, los complots, las querellas dinásticas, las preferencias y las envidias.

En esta corte que en Ravena imitaba el esplendor bizantino, en donde todos los principios de orden y disciplina se derrumbaban para no dejar subsistir más que un ceremonial ridículo y complicado, las controversias religiosas, el tráfico de influencias y la hipocresía mantenían al margen de las funciones a los hombres íntegros y fuertes. Aecio había sabido resistir a todas las conspiraciones de palacio, y a pesar de las tormentas de su existencia, los azares del favor y de la sospecha, había seguido siendo el hombre de los momentos difíciles, ése al que se llama cuando los ministros y los generales corruptos se desploman como marionetas. En las épocas tranquilas se le enviaba al extranjero y perdía el favor, las intrigas le arrebataban todas sus dignidades, pero bastaba con que el Imperio estuviera amenazado para que inmediatamente se pensara en él sin que fuera para acusarlo de traición. Y así, a toda prisa, se lo llamaba.

Su padre, un germano de Panonia, jefe de la milicia y conde de África, había sido abatido en la Galia durante una revuelta de soldados. Era latino por parte de su madre, que pertenecía a una noble y rica familia de Roma. El destino de Aecio había seguido las vicisitudes de la política imperial. Cuando ésta buscó la neutralidad de Alarico, le envió al joven como rehén. Llevaba tres años junto al rey godo cuando Roma, amenazada por él, buscó aliados entre los hunos, y Aecio partió hacia la capital danubiana. Estableció amistad con Rua y conoció a Atila, que tenía más o menos su misma edad.

El joven rehén desempeñó un papel importante en las relaciones de Roma con los hunos. Incluso después de volver a Roma para desposar a la hija del patricio Carpilio, siguió en buenas relaciones con Rua. Era *comes domesticorum* y amo del palacio, pero las intrigas mezquinas que le rodeaban y la corrupción que reinaba en la corte evidenciaban la decadencia del Imperio. Así, cuando Juan *el Usurpador* se hizo con el poder, Aecio, que deseaba para el país la inteligencia y la energía de un jefe, se ofreció para servirlo.

No tenía ningún interés en defender los intereses de la dinastía. Más allá del emperador, veía el Imperio, el pasado y el futuro de Roma, y creyó encontrar en Juan al jefe que barrería de Roma y de Constantinopla a los despreciables cortesanos, realizaría el sueño de Estilicón, la reunión de los dos Imperios, y restablecería la unidad, la grandeza de la nación. Para ayudarlo necesitaba el socorro de los hunos. Partió enseguida a reclamar el apoyo de Rua, le persuadió para que se pusiera en campaña con sesenta mil hombres, prometiéndole una rica soldada, y a marchas forzadas condujo a esta tropa hacia el ejército de Juan. Al llegar se enteró de que el Usurpador, vencido por Aspar, había muerto hacía tres días. Valentiniano III había sido escogido para sucederle, pero como era demasiado joven seguía bajo la tutela de su madre Placidia, quien gobernaba en su nombre. Aecio licenció a los hunos, que retornaron a su país, y volvió a Ravena.

A sus enemigos no les resultó difícil aprovechar su ausencia y explotar hábilmente la ayuda que había ofrecido al Usurpador para despojarlo de todos sus títulos. La regente Placidia escuchó las sugerencias de éstos, pero como le tenía miedo, no se atrevió a exiliarlo. Se contentó con hacer que su prestigio e influencia disminuyeran nombrando jefe del ejército de Italia al patricio Félix, y reservando su favor al ministro Bonifacio, ambos enemigos de Aecio.

Aecio continuaba siendo el jefe del ejército de los galos, pero perdía la mayor parte de su poder en pro de Bonifacio. Este último era un hombre extraño. Tan pronto traidor como fiel, tan pronto puesto al margen del Imperio como compartiendo el triunfo con el emperador. Representaba con bastante exactitud a la clase de políticos que reinaba en el mundo latino. Muy popular en África, había sido amigo de san Agustín, y tras la muerte de su esposa había querido hacerse religioso. De tal proyecto le disuadieron inmediatamente todos los que le habían ayudado a triunfar y que esperaban compartir su fortuna política, con lo que se vio obligado a reemprender la vida activa a pesar de las exhortaciones de san Agustín, que le ponderaba las bellezas de la renuncia y de la meditación. Pero sus amigos, que no querían que él despreciara los bienes del mundo, por no tener que abandonar ellos sus aspiraciones, le demostraron que se debía al Imperio y que podía dejar a otros la labor de rezar, puesto que funciones más útiles le esperaban en Ravena. Bonifacio les escuchó, volvió a la corte y, pasando entonces de uno a otro exceso, al viudo le invadió una gran pasión por una joven, Pelagia, y se casó con ella. Como era arriana, abrazó la religión de su mujer y decidió que sus hijos también serían arrianos.

Aecio, que le había animado en sus proyectos religiosos y que había contemplado con despecho su vuelta a las funciones públicas, no desperdició la ocasión que se le ofrecía de hacer caer a su rival. Supo excitar el fervor religioso de Placidia para demostrar a la regente que esa apostasía pondría en peligro la seguridad del Imperio. Le recordó los esfuerzos que se habían hecho necesarios para extirpar la herejía, el peligro que representaba la conversión de un hombre con tan alto cargo y rodeado de numerosos protegidos. Dividida entre su odio hacia Aecio y su horror por el arrianismo, Placidia se dejó convencer por los obispos que el astuto panoniano le enviaba todos los días. Censuró a Bonifacio y lo invitó a responder ante un tribunal eclesiástico del crimen de apostasía.

El nuevo arriano estaba en Cartago cuando recibió esta orden. Enseguida adivinó la parte que había correspondido a Aecio en su redacción y, sabiendo lo que le esperaba, partió enseguida, pero hacia Hispania. Allí fue al encuentro de Genserico, quien desde hacía unos años ocupaba la península Ibérica. El rey vándalo se encontraba, en ese momento, en una situación muy embarazosa. Nuevas invasiones de suevos y visigodos se arrojaban sobre Hispania, y empujaban poco a poco a los vándalos, hasta tal punto que amenazaban con expulsarlos de ese dominio que tanto les había costado conquistar. No era extraño por tanto que recibiera al tránsfuga con amabilidad, y cuando éste le ofreció un tercio de África si quería expulsar de allí a los romanos, enseguida aceptó cambiar su Imperio español por un imperio africano.

En 428 y 429 los vándalos pasaron a África. Contaban con 500.000 guerreros, lo que permite evaluar en unos dos millones el número total de súbditos de Genserico. La flota romana intentó tímidamente oponerse a su paso, pero resultó derrotada ya en el primer encuentro. Aecio, quien en esa época combatía a los visigodos, había vuelto apresuradamente a Ravena, donde topó con la celosa autoridad del patricio Félix, quien había sacado provecho de su estancia en Galia y de la traición de Bonifacio para captar el favor del monarca. Félix y Aecio se enfrentaron en una sorda guerra de intrigas. Durante la invasión de África por los vándalos, Félix hizo asesinar a dos amigos de Aecio, el obispo de Arles Patroclo y el diácono Tito, y fue un milagro que el mismo Aecio escapara a los asesinos sobornados por su enemigo. Dos años más tarde obtuvo la venganza gracias a una revuelta de soldados de la que probablemente había sido instigador, y que mató a Félix y a toda su familia.

El juego de equilibrios de la política romana le había llevado de este modo al poder, y sin embargo no podía permitirse disfrutar del éxito durante demasiado tiempo. Los numerosos enemigos que tenía en la corte buscaron un adversario que se le pudiera oponer en el favor imperial, pero nadie parecía capaz de cumplir ese papel. Se pensó entonces en Bonifacio.

La corte de Ravena ya no medía sus bajezas, ni sus extravagancias. Mientras Aecio, llamado a Galia para un nuevo levantamiento de los visigodos, los reconducía a la obediencia, Bonifacio, invadido por los remordimientos o mal recompensado de su traición por parte de los vándalos, se había vuelto contra ellos y fortificado en Cartago. A su alrededor había reunido las últimas fuerzas romanas para intentar reparar mediante esta tentativa de resistencia el acto criminal que había abierto las puertas de África a Genserico. Consiguió detenerlo, trató con él y guardó algunas poblaciones que el conquistador le cedió. El fin de esta guerra desastrosa para Roma, pues la privaba de su imperio africano, fue acogido con entusiasmo por los enemigos de Aecio. El acto que habría debido arruinar para siempre la carrera política de Bonifacio fue tratado como un pecado menor, y la pérdida de África pareció insignificante al lado del gran servicio que había prestado al salvar de la debacle a algunos villorrios sin importancia. Ayer traidor y apóstata, Bonifacio reencarnaba la figura del salvador y volvía a estar en gracia. Todos los honores que se le ofrecían disminuían en la misma medida la gloria y el prestigio de Aecio: le nombraron patricio, y cuando volvió a Italia se le recibió entre grandes muestras de alegría. El interés nacional no contaba demasiado al lado de las intrigas de palacio, y mientras que no se le reconocía el triunfo a Aecio, se cargaba al hombre que había vendido África a los bárbaros con más dignidades de las que podía sustentar. No se trataba de poner los méritos de ambos en una balanza, sino de hacer expiar a Aecio la falta que había cometido acaparando demasiados títulos de reconocimiento por parte de Roma. Aun así, la ingratitud romana era una virtud demasiado antigua y poderosa para que en esta ocasión no se manifestara de una manera espectacular. Raramente se había dado una escena tan odiosa y ultrajante para el honor del Imperio como el triunfo de Bonifacio, y la corte llevó su demencia al paroxismo haciendo figurar en las monedas al ministro traidor al lado del emperador.

A Aecio le costaba digerir estos insultos. Escondía su cólera, pero un día, en un encuentro accidental a cinco millas de Ariminium, entre su escolta y la del ministro, éste resultó muerto. En la confusión no pudo saberse quién había asestado el golpe, pero naturalmente se acusó a Aecio. Placidia deploró la muerte de Bonifacio, ese buen servidor del Imperio, y designó para sucederle a su hijo Sebastián, al que nombró protector de Roma. A continuación ordenó una investigación y la captura del asesino.

Cuando supo que se intrigaba para obtener su arresto, Aecio corrió
a refugiarse entre los hunos. Rua, que estimaba su carácter noble y su valor
militar, lo recibió y se declaró dispuesto a atacar a su lado si quería hacer pagar al Imperio todas las injurias de que había sido objeto. Con el
rencor de no ver recompensados sus esfuerzos, el general decidió expulsar de Ravena a los intrigantes y a los incapaces, no por ambición personal, sino por el bien del imperio. Aceptó la oferta de Rua y avanzó hacia
Italia encabezando un ejército huno. Sebastián, «protector del Imperio»,
después de intentar detenerlo, se batió en retirada. Placidia, asustada,
destituyó al general incapaz, arrojó a las sombras a la familia de Bonifacio y devolvió a Aecio el favor del que había sido privado, mostrando de
este modo una vez más que los servidores de Roma no recibían recompensa más que en el momento en que se rebelaban, y que sus méritos no
eran evidentes hasta el día en que —pasando de la fidelidad a la traición—
se volvían amenazadoramente contra sus jefes.

Con Bonifacio muerto y Sebastián caído en desgracia, Aecio se convirtió en el verdadero amo del Imperio. Durante todo el tiempo que se
había creído poder contar con su docilidad y honor, no se le había aho-
rrado ninguna de esas vejaciones que una corte envidiosa, un país ingra-
to, prodigan a los grandes hombres a los que odian más cuanto más
reconocimiento les deben. Pero desde el día en que hubo mostrado que
él también era capaz de llamar y guiar al enemigo sobre el suelo latino,
se convirtió en el objeto de las más halagadoras atenciones, y nada pudo
hacer mella en su prestigio.

Aecio había censurado las intrigas que los ministros de Constantinopla
suscitaban entre las naciones danubianas sometidas a los hunos. Sorprendidos con el hurto en las manos, negaron, como era costumbre, lo que
decían sus emisarios, pero Rua disponía de las pruebas de la intervención
oficial, y en ese momento se trataba de conceder al rey de los hunos los
castigos que solicitaba, o rechazar sus exigencias y prepararse para la guerra. Aecio, consultado por el gobierno de Constantinopla, sabía que la segunda alternativa era imposible. El Imperio de Occidente estaba rodeado
de enemigos y no podía aportar ningún socorro a los bizantinos. Los burgundios seguían amenazantes, los bretones proclamaban su independencia, los suevos avanzaban sus ávidas manos, los visigodos, siempre ines-
tables, se agitaban. En el corazón mismo de la Galia, las revueltas de
campesinos se hacían más inquietantes, y en la Bagaudia se tramaba una

agitación cada vez más peligrosa. Aecio pensó que era mejor negociar. Aconsejó al emperador Teodosio que tranquilizara a Rua, pues conocía su carácter conciliador, e hizo dictar a los embajadores la respuesta que debían ofrecer al rey.

La embajada dirigida por Plintas y Epigenio se puso en marcha y, tras unas semanas de su salida desde Constantinopla, llegó al campamento de los hunos. Pero una sorpresa aguardaba a los bizantinos. Supieron que Rua había muerto unos días antes, y bruscamente se les llevó ante la presencia de su sucesor, Atila.

CAPÍTULO CINCO

El rey de los hunos

Desde su llegada, sin darles tiempo a desmontar, se les dijo a los enviados de Teodosio que el rey los esperaba, y se les señaló un grupo de jinetes detenidos en el llano. Plintas y Epigenio hicieron trotar a sus caballos para reunirse con ellos, pero los hunos, al ver que se acercaban, no descabalgaron, con lo que los embajadores, para no dar a entender que se humillaban ante un bárbaro, también tuvieron que mantenerse sobre sus sillas. Fatigados por el largo viaje, poco acostumbrados a las cabalgadas, los bizantinos eran jinetes mediocres, mientras que los hunos sonreían con desprecio al observar su aspecto. Por otra parte, tampoco tenían la costumbre de tratar los asuntos diplomáticos a caballo, y les incomodaba mucho la impaciencia de sus monturas, enfebrecidas por la proximidad de una yeguada que galopaba con la cabeza baja y la crin al viento. El caballo negro de Plintas se agitaba a cada instante, tiraba de la brida y golpeaba la tierra con los cascos, y estas sacudidas imponían a los nobles periodos de su discurso un ritmo irregular que a Atila, grave pero irónico, le divertía mucho. Irritados por la impertinencia de la acogida, confundidos por su propia torpeza, los embajadores se prometían que iban a hacerle pagar muy caro a ese bárbaro insolente haberles puesto en ridículo con su recepción.

Atila iba vestido de manera muy sencilla, con una chaqueta de piel negra, y en la cabeza un gorro negro calado hasta los ojos. Parecía pequeño, pero enérgico y vigoroso. Le acompañaban algunos jinetes, entre los cuales un germano que atendía al nombre de Orestes, con un casco de hierro y una larga espada, un hombre vestido a la manera huna pero con los rasgos de un griego al que llamaban Onegesio, dos pequeños mongoles envueltos en pieles preciosas que parecían osos imberbes, Esla y Scota. Al lado del rey se alzaba un coloso de rostro plano y aire ausente, cuyo nombre, según se dijo a los bizantinos, era Bleda, el hermano de Atila que compartía con él la dignidad real.

Los hunos que escoltaban a los jefes de la horda contemplaban con curiosidad a esos extranjeros vestidos con telas ligeras, que hacían gestos ampulosos y hablaban con énfasis. Los jinetes bizantinos, por su parte, consideraban con un asco espantado a esos demonios amarillos de ojos astutos, sujetos a la crin de sus pequeños caballos, que intercambiaban entre ellos risas entrecortadas, palabras incomprensibles, ásperas y chillonas. Llevaban largos arcos curiosamente encorvados, carcajes de colores llenos de flechas con la punta de hueso, lanzas, hachas y correas de cuero. A lo lejos de la llanura se extendía una multitud de carros desde la que columnas de humo se levantaban en el atardecer.

A los plenipotenciarios ese cambio de soberano en principio les había inquietado poco. Pensaban que Atila, en recuerdo de la hospitalidad que había recibido de los romanos, iba a mostrarse cordial con ellos, y le comunicaron con cierta condescendencia altiva el mensaje que les habían encomendado. Desde las primeras palabras del jefe huno comprendieron que la situación política iba a transformarse. Se dieron cuenta de que Bleda, aunque asistía a la entrevista, no pronunciaba palabra, a pesar de ser el primogénito y de participar en el poder. Atila era el único que dirigía la conversación. Ante ellos tenían a un adversario diferente al débil Rua, y en lugar de un debate puramente formal, lo que allí se iniciaba era una partida decisiva, a consecuencia de la cual Roma pasaría a contar con un adversario amenazador.

Las condiciones que les habían encargado que transmitieran estaban destinadas a desalentar la avidez y las torpes estratagemas de Rua, pero no se había previsto que en su lugar iban a encontrar un jefe arrogante, intratable, despreciativo, que conocía perfectamente la situación de los dos Imperios y sus dificultades. Los bonitos discursos que habían preparado se vieron interrumpidos con un gesto suyo, y Atila habló. En un latín sin gracia, preciso y sobrio, expuso sus condiciones, o más bien sus instrucciones.

Los embajadores se miraron, estupefactos. Nunca habían oído esa voz limpia y dura en la que resonaban el orgullo, la certeza de vencer. Era inútil discutir las decisiones ya tomadas. Atila no quería saber nada de sus ofertas, dictaba órdenes con la autoridad de un señor que no admite ni rechazos ni vacilaciones. Era tomarlo o dejarlo, no había nada que negociar en sus proposiciones. Las resumió en pocas palabras. Constantinopla retiraría todo apoyo a las tribus danubianas rebeldes, los desertores hunos presentes sobre el territorio del Imperio serían extraditados. Extradición también de los prisioneros romanos evadidos, o en su defecto pago por cada uno de ellos, de ocho piezas de oro. El emperador se comprometía, por juramento, a no proporcionar nunca ayuda a los enemigos de los hunos. Por fin, Atila dio a conocer que había decidido elevar a 700 libras de oro el tributo que Rua y Teodosio II habían fijado en 350. No dio explicaciones, y rechazó oír réplica alguna por parte de los embajadores.

—Es inútil: ya he decidido y expuesto mis condiciones. Decid sí o no.

Los embajadores no podían resignarse a aceptarlo sin más, y por otra parte, intimidados por la majestuosidad de Atila, aterrorizados por su intransigencia, no se atrevían a rechazarlo. En ese hombrecillo achaparrado, enérgico y brusco, había cierta nobleza salvaje que imponía respeto y miedo.

Para ganar tiempo, pidieron que les dejara reflexionar, alegaron que tenían que recibir nuevas instrucciones, pero estas tergiversaciones convertidas en tradicionales en los acuerdos internacionales se vieron rechazadas con una sola palabra de Atila. Al percibir el brillo astuto de sus ojos oblicuos comprendieron que nada iba a desalentar a un hombre como aquél, que ninguna estratagema podría engatusarle.

Plintas preguntó cuándo tenían que dar respuesta.

En ese mismo momento.

A decir verdad, estaban decididos a aceptar las condiciones de Atila, fueran cuales fuesen. Ese hombre tenía una manera de decir «¿La paz o la guerra?» que hacía imposible cualquier vacilación. Les costaba poco abandonar a las tribus danubianas después de empujarlas a la revuelta. Roma sacrificaba implacablemente todos los instrumentos que habían dejado de serle útiles. Tampoco tenían inconveniente en entregarle a los desertores hunos —aunque no le habían preguntado a Atila lo que entendía por «desertores»— y los prisioneros romanos evadidos. A éstos solamente les tocaría soportar su servidumbre con algo más de paciencia. ¿Pagar ocho piezas de oro por cada uno? No valían ese precio. ¿Comprometerse a no luchar contra los hunos? Ese compromiso sería válido hasta nueva orden, o sea, durante el tiempo que se fuera demasiado débil como para violarlo. Pero pagar 700 libras de oro en lugar de 350, eso era imposible.

Con su codicia falsa e infantil de orientales, imploraron una rebaja, invocando a la dureza de los tiempos y al mal rendimiento de los impuestos. Atila esbozó un gesto de impaciencia que los hizo callar. Esperaba, y el silencio de la espera era tan terrible que los embajadores, acostumbrados a las marrullerías habituales en las negociaciones, lo sentían opresivo y pesado como una amenaza. Epigenio, que se preciaba de ganar siempre la voluntad de Rua, lamentaba haber acudido a esa misión en lugar de declinar el honor de llevarla a cabo.

El huno esperaba. Ya no se trataba de ponerse de acuerdo, ni de buscar subterfugios ni pretextos para retrasar la respuesta. Había que decir sí o no, escoger la paz o la guerra.

Imaginaban la cólera de Teodosio cuando volvieran para anunciarle que se había doblado el tributo... El resto, pensaban, tenía menos importancia. Pero Teodosio no conocía a Atila, y nunca había sentido la mirada de sus ojos irónicos y duros. Los bizantinos estaban muy irritados con ese monarca bárbaro que contravenía todas las costumbres de los debates. ¿Acaso no establecía el uso que uno de los interlocutores pidiera para empezar mucho más de lo que deseaba, y que el otro le ofreciera mucho menos de lo que estaba dispuesto a conceder, para así llegar, gradualmente, a un acuerdo? ¿En qué paraba el mérito personal si el embajador no podía glorificarse de haber obtenido con mucho esfuerzo una ventaja que el contrario estaba dispuesto a ofrecerle desde el principio? Con ese hombre diabólico, vestido de groseras pieles, sentado pesadamente sobre su caballo, había que decir así, enseguida, sí o no.

De este modo, cuando Atila, con despreocupación, como si escogiera por ellos, dijo: «Si preferís la guerra...», se apresuraron a proclamar que aceptaban todas las condiciones y que podían firmar el tratado de inmediato. Los escribas despabilaron, y al rato los mensajeros aplicaban sus sellos sobre el acuerdo.

Esto ocurría en Margus, a orillas del Morava, en 434.

Cuando Teodosio se enteró de los resultados de la embajada entró en violenta cólera y cubrió de insultos a los desdichados parlamentarios. La noticia del penoso acuerdo llegó hasta Roma. Aecio se preocupó al enterarse. Conocía la fuerza de los hunos y el peligro que suponían para toda Europa, siempre que una autoridad inteligente y resuelta lograra reagrupar las tribus dispersas. Sabía que si había un hombre capaz de conseguir esa unidad, ese hombre era Atila.

Los embajadores explicaban que siguiendo los términos del tratado habían tenido que entregar a dos tránsfugas hunos de noble familia, es decir, dos oficiales a sueldo de Bizancio, y que Atila los había hecho crucificar inmediatamente, en su presencia. En todo Occidente solamente un hombre podía llegar a comprender el alcance de este gesto, porque habría actuado igual de encontrarse en el lugar de Atila, porque de algún modo se trataba de un sacrificio simbólico que inauguraba la nueva política de los hunos.

Aecio concibió los proyectos secretos de Atila leyendo los acuerdos de Margus, aparentemente inofensivos, y se asustó, porque adivinaba las terribles consecuencias.

La cláusula relativa a las naciones danubianas tenía poca importancia. No figuraba en el tratado más que para justificar el pretexto de la querella. Constantinopla abandonaría, por algún tiempo, la artimaña de la intervención encubierta, que por otra parte dirigía con mucha torpeza y sin provecho. El párrafo que prohibía al Imperio tomar las armas para ayudar a los enemigos de los hunos era más grave, puesto que permitía que Atila batiera sucesivamente, sin esfuerzos, a todos los pequeños pueblos que obstaculizaran su política, sin que Roma ni Bizancio pudieran hacer nada por socorrerlos. La rendición de los prisioneros romanos evadidos no tenía otro propósito que hacer entrar oro en el tesoro de los hunos, pues éstos creían —y se equivocaban— que el Imperio preferiría comprar la libertad de esos hombres antes que cederlos a la servidumbre. El aumento del tributo tenía el mismo objeto. El punto que más inquietaba a Aecio era la obligación de entregar a los tránsfugas hunos. En principio, parecía algo insignificante, pero en realidad esa cláusula significaba que Atila consideraba como desertor a todo huno que formara parte de las tropas romanas en Oriente o en Occidente, que ya no aceptaba que un soldado de su raza continuara obedeciendo a una potencia extranjera y que pretendía reunir bajo su autoridad directa a todos esos súbditos que estaban a sueldo de Roma o de Constantinopla. Aecio veía en esta reivindicación el anuncio de un vasto proyecto de unificación que, si se realizaba, debería reunir en una misma mano a todos los hunos dispersos por Europa, privar al Imperio de sus mejores contingentes y constituir en su contra el más poderoso ejército que el mundo habría visto hasta entonces. La ejecución de los dos jefes hunos demostraba la suerte que Atila reservaba a partir de entonces a los hombres de su nación que sirvieran a otro señor que no fuera él.

En las cancillerías de los dos Imperios nadie presintió estas intenciones. Sólo Aecio, porque conocía a Atila y porque había utilizado los recursos que los hunos, incluso divididos, proporcionaban, entrevió los planes de su adversario, pero sólo en parte. Los acontecimientos no tardarían en mostrárselos en toda su extensión.

Al llegar los embajadores bizantinos a Margus, Atila se había tomado como un presagio que el primer acto de su reinado lo opusiera a esos romanos que tanto odiaba. «Rua habrá muerto a tiempo —pensaba— para dejarme tratar este asunto. Los bizantinos seguro que lo habrían enredado otra vez con sus discursos solemnes y sus promesas.»

No le había llevado demasiado tiempo debatir las condiciones que quería imponerles. Le venían obsesionando desde que, de pequeño, se indignaba al ver a los jefes hunos a las órdenes de Roma. Por primera vez iba a cumplir su deseo: actuar como rey. Pensaba con desprecio en esos embajadores ávidos que discutían la cifra del tributo sin otorgar importancia a la cláusula que concernía a los tránsfugas, que él había enunciado con indolencia. Incluso era posible que hubiera tenido la idea de lanzar esa cifra bruscamente doblada sólo para retener su atención sobre ese punto. Sabía que las cuestiones monetarias dominaban toda la política interior y exterior de Constantinopla, y que un aumento del tributo les alarmaría tanto que olvidarían todo el resto.

Tras su partida, Atila vio el camino libre ante sí. Rua había muerto y le dejaba el poder. Bleda era sólo un imbécil que no pensaba más que en beber y cazar, y no le pondría ningún obstáculo. Aebarso reinaba sobre los hunos del Cáucaso. Con Roma inmovilizada por las guerras externas y las revueltas de los bagaudas, Constantinopla convertida en inofensiva por los acuerdos de Margus, nada le impedía consagrarse enteramente a la reconstrucción del Imperio huno.

Someter a las ramas asiáticas de los hunos, devolver las tribus dispersas del Volga al Danubio, los contingentes de Hispania, de Galia y de Italia, bajo la autoridad de un solo jefe. Hacer de estos elementos dispersos una nación a la que agregar acto seguido los pueblos eslavos y germanos, vasallos o aliados. Conquistar Europa y con la riqueza de los tesoros de Roma y Bizancio lanzarse sobre Asia y someter Persia, la India y China. La conquista de Occidente no era para él más que una etapa, y la caída del Imperio romano le proporcionaría el dinero necesario para esa expedición. Una vez dueño de Asia, aplastaría a Genserico en África, y tras haber sometido al Imperio de los hunos a toda la cuenca mediterránea, todo el continente desde el mar de China hasta las Columnas de Hércules, se convertiría en rey del mundo entero.

Ahora lanzaba ese sueño ambicioso, exaltado por su imaginación de niño y largamente modelado en los años oscuros de su juventud, sobre la masa plástica de las naciones. Lo imponía al universo.

Pacientemente, con la tenacidad lenta, incansable, del oriental, iba a esforzarse en realizarlo, pieza a pieza. Tenía entonces cerca de cuarenta años y unía al entusiasmo de su ideal juvenil el genio de su espíritu político, la experiencia de su espera silenciosa.

El tratado de Margus abría la primera etapa de la conquista. Constituir un formidable bloque asiático, eslavo y germano, para humillar al Imperio romano, era el acto más urgente. Para esto le hacía falta no un aglomerado de tribus, sino una nación homogénea y disciplinada. Con el flanco occidental protegido, se volvió hacia Asia.

CAPÍTULO SEIS

Política interior

La nación huna, dividida desde hacía mucho tiempo en tribus independientes, obedecía al azar de su destino nómada. A decir verdad, no constituía una nación, sino una yuxtaposición de pequeños estados unidos solamente por sus caracteres étnicos, sus lenguas y tradiciones. Desde el punto de vista político, el rey de las orillas del Danubio no disponía de ninguna autoridad sobre los hunos de Asia o Rusia. Cada jefe gobernaba a su manera a una población obediente, saqueaba por su cuenta, partía una vez que había agotado los recursos de una región, y nadie se preocupaba en saber adónde conducía sus carros.

Las uniones con las razas a las que habían sometido se hacían cada vez más numerosas, y sin la voluntad poderosa que los reunía, los hunos se habrían fundido rápidamente entre los pueblos europeos. El rey, el que descendía de Mundzuk, de Balamir y de los antiguos soberanos, no veía que nadie le disputara la autoridad a menos que intentara imponerla a las tribus que no se encontraban directamente bajo sus órdenes.

De este modo los hunos se habían combatido a menudo por cuenta de dos naciones diferentes, pues sus jefes no pedían sino venderse lo más caro posible, y no tenían ningún escrúpulo en luchar contra hombres de su propia raza.

En un pueblo tan dividido no podía existir ningún sentimiento nacional, pues cada uno no pensaba más que en su provecho personal. Desarraigados, llevados por sus caprichos o necesidades, los hunos malgastaban su fuerza en combates de los que no sacaban apenas provecho,

y se debilitaban en la medida en que se dispersaban por todos los lugares de Europa y Asia.

Atila comprendió que una vez restablecido en su unidad original, pero
acrecentado por las razas que se le habían asociado, el pueblo huno podía convertirse en una potencia formidable. Y puesto que no tenía nada
que temer, de momento, ni de Roma ni de Bizancio, le estaba permitido consagrarse a esta labor: forjar el instrumento necesario para conquistar
el mundo, el ejército huno que comandado por él debía convertirse en
invencible.

Pero primero de todo era necesario constituir este ejército, someter
a las tribus independientes, y seguramente toparía con un montón de
obstáculos. Los primeros los encontró en su familia.

De los tres hermanos que habían asumido el poder conjunto tras la
muerte de Mundzuk, Oktar y Rua estaban muertos, pero Aebarso, que
había escogido reinar sobre los hunos del Cáucaso, seguía siendo un rival peligroso.

Según las costumbres y el orden de la sucesión al trono, tras la muerte
de Rua el poder no habría debido pasar a las manos de sus sobrinos, sino a
las de su hermano. Por otro lado, la llegada a Margus de la embajada bizantina no permitía esperar; era necesario que la recibiera un rey. Atila y su hermano Bleda tomaron el poder con el consentimiento unánime de su pueblo.

Aebarso no protestó en absoluto, pero en cualquier momento podía
recordar sus pretensiones al trono y comprometer el éxito del gran plan
de conquista.

La política romana, guiada por Aecio, que había adivinado los proyectos de Atila, se dedicaba activamente a dificultar su obra y a dividir
a los hunos que él se esforzaba en unir. Quería despertar los celos y el
temor de Aebarso.

Los enviados romanos pusieron cuidado en recordarle al príncipe
excluido que el poder le pertenecía por derecho, y en demostrarle en qué
peligro se ponía dejándose descartar por sus sobrinos. Los enviados de
Teodosio, por su parte, utilizaban hábilmente el espíritu de independencia
de las tribus dispersas en la llanura del Don para mantener sus inquietudes y hacerles entrever que podían perder su libertad si Atila se quedaba
con el poder.

No costó demasiado persuadir a Aebarso, y éste envió a unos mensajeros hacia la capital danubiana para decirles a los reyes que él no pretendía desposeerlos de su trono, pero que por lo menos quería seguir siendo el amo absoluto de su país. Con un acto así, separaba a los hunos del Cáucaso de la nación, proclamaba su autonomía y su independencia.

El mismo día en que esta declaración le llegaba a Atila, éste se enteraba de que los bizantinos habían ganado mediante obsequios la voluntad de los jefes de los acatziros, una de las tribus más poderosas del Don, y que los empujaban a la revuelta.

Los acatziros eran muy valientes y sanguinarios. Habían conseguido expulsar de su tierra a los alanos, que tenían la reputación de ser unos bárbaros temibles, pero que no habían podido resistir a los acatziros, que pertenecían a la rama de los hunos negros, los más crueles y atrevidos. Por tanto era particularmente útil para Roma mantener su independencia y sustraerlos a la autoridad de Atila. Con este propósito, el emperador envió ricos presentes a los jefes, pero el azar quiso que los embajadores encargados de repartirlos olvidaran o no gratificaran según su rango a uno de los notables, Kuridak, que era un viejo pequeño y malo, orgulloso y artero. Kuridak no les perdonó este insulto. Entre los orientales se da un código de saber vivir, de protocolo, que reina incluso sobre el tráfico de influencias. Los acatziros no eran tan inocentes como para creer que Roma les hacía regalos sin un interés. Sabían que reclamaban algo a cambio. Pero en lugar de rechazar con desdén estos dones, como teóricamente querría la virtud occidental, se lamentaban siempre de que los regalos eran insuficientes, mezquinos e indignos de ellos. Los enviados de Teodosio, mal informados de la jerarquía acatzir, no entregaron a Kuridak los regalos que se le habían destinado más que después de gratificar, y con mayores riquezas, a dos o tres notables más. Era una afrenta insoportable, contraria al orden de precedencia, y que demostraba que los romanos, según Kuridak, tenían una intención muy visible de menospreciar su autoridad y ultrajarlo. El mejor medio de vengarse era denunciar ante el rey a estos groseros embajadores, y a los jefes acatziros que habían recibido más que él. Con gran secreto envió un mensajero a Atila para informarle de lo que ocurría en las llanuras del Don.

Atila adivina el objeto de todas estas maniobras. Con Aebarso rebelde, los acatziros vendidos a Bizancio, todo revela entre las intenciones de la política romana el deseo de separar de él a las tribus que le son necesarias. Hay que actuar deprisa. Bleda se quedará a orillas del Danubio y reinará durante la ausencia de su hermano. No hay dificultades a temer por el lado de los ejércitos romanos. El peligro está en Rusia. Atila parte enseguida.

Aebarso se entera no sin inquietud de la llegada de su sobrino. Hace años que no lo ve, y no conoce de él más que la fama que tiene entre los hunos, su audacia, su crudeza, su voluntad inflexible. Empieza a arrepentirse de haberle escrito esa carta tan arrogante que sin duda constituye el motivo de su visita. Sin embargo, Atila se muestra afable, como si no tuviera que dirigirle ningún reproche. Aebarso, por su parte, trata con cortesía al rey de los hunos. No se habla de las reivindicaciones autonomistas. Despreocupadamente, mientras van conversando, Atila desliza un esbozo de su plan político. Aebarso, vagamente inquieto, escucha. Como para ahuyentar las dudas que su interlocutor podría tener, Atila explica que ya tiene en la mano al pueblo huno casi en su totalidad. Sí, prevé algunas defecciones —inevitables—, por parte de algunos descontentos, o rebeldes —el tío palidece—, pero someterlos será para él un juego de niños. Nadie se le podrá resistir. Repite varias veces esta afirmación mirando a Aebarso. Y entonces el tío sacrifica todas sus ambiciones, y aprueba ruidosamente el proyecto de su sobrino. Éste sonríe: «Ya sabía yo que podía contar con vos...» Y como Aebarso se calla, calibrando con melancolía los restos de su tentativa de independencia, Atila finge malinterpretar su silencio y pregunta: «Porque supongo que no rechazaréis ayudarme, ¿verdad?», con una voz tan indiferente y a la vez tan dura que Aebarso se apresura a proclamar su adhesión y fidelidad. Atila ya galopa a lo lejos, y el viejo sigue temblando tras este encuentro amistoso, sin reproches ni amenazas, en el que ha sentido sobre él, pesada e implacable, la ruda mano de su sobrino.

Con los acatziros, que vivían a orillas del mar Caspio y del Volga, no iba a resultar tan fácil. A pesar de la tentativa de rebelión de Aebarso, Atila no le había infligido el castigo que él esperaba por temor a provocar el descontento de los hunos que habrían podido apoyar, en ese momento, sus pretensiones al trono. Pero los acatziros eran más peligrosos, puesto que habían recibido dinero romano, y para los hunos era una cuestión de honor servir fielmente a las gentes que les pagaban bien. Además, la susceptibilidad de estos nómadas ya era materia conocida por parte de Atila. Sabía que solamente la conminación de obedecer al rey bastaría para que tomasen las armas contra él. Con Aebarso, la intimidación había bastado, pero a los acatziros había que domarlos por la fuerza. Atila adjuntó a su ejército unos centenares de jinetes tomados a su tío, y se lanzó hacia la estepa. Los romanos habían intentado en vano que los rebeldes se unieran a la causa de Aebarso, pensando, no sin razón, que unidos podrían resistir a Atila. Los acatziros habían rechazado tal posibilidad con orgullo, y tomaron las armas cuando se enteraron de que el rey se acercaba. Kuridak, que temía la cólera de sus compatriotas si se enteraban del origen de la denuncia que había revelado sus relaciones con los enviados de Bizancio, puso la excusa de salir de reconocimiento, y huyó con sus partisanos a la montaña. Privados del gran número de acatziros que lo habían seguido, los que quedaron fueron vencidos sin gran esfuerzo por Atila. Ordenó el suplicio de los jefes, pero perdonó a los súbditos. Se invitó a Kuridak a que acudiera a mostrar su sumisión. Se excusó, modestamente, de no poder dejar su montaña, alegando que era viejo y que sus ojos, demasiado débiles para mirar el sol de cara, no podrían contemplar el resplandor del rey vencedor. A Atila no le disgustaban en absoluto los halagos, siempre que fueran hábiles. Kuridak no era peligroso, y el ejemplo del castigo que había infligido a los jefes acatziros bastaría para mantener su obediencia. Atila aceptó de buen grado la excusa sutil que invocaba y le respondió que podía quedarse donde estaba. Los acatziros, asustados por el suplicio de sus jefes, ya no harían caso tan fácilmente de los consejos de los romanos, y para asegurar definitivamente su dominio al tiempo que atendía a las susceptibilidades, les dio como rey a su hijo Eliak. La medida era muy hábil. Los acatziros que querían conservar su independencia disponían así de un jefe propio, de uno que no obedecía directamente a Atila, quien por su parte encontraría siempre en su hijo a un colaborador fiel, activo y solícito.

A partir de ahí, la expedición fue triunfal. Desde el momento en que Atila aparecía, todo eran proclamaciones de fidelidad y de admiración. Los hunos más turbulentos se convertían en extrañamente dóciles, y los que la víspera vociferaban que no iban a aceptar coacciones, se apresuraban en abandonar sus ambiciones autonomistas y se proclamaban servidores sumisos del nuevo rey. Durante este viaje, Atila hizo un recuento de sus ejércitos, verificó su espíritu guerrero, despertó su codicia, su apetito de gloria y de botín. Dejó entender que se preparaba una gran guerra en la que la nación huna tenía que ganar honor y provecho, y que todos los que quisieran participar adquirirían renombre y riquezas.

Su elocuencia era extraña, indicada para seducir y atraer a los seres primitivos. En diversas crónicas se reportan algunos de sus discursos. Se parecen curiosamente a todas las proclamas de los grandes conductores de hombres. La llamada a la posteridad se junta con las promesas de ganancias materiales e inmediatas. Los antepasados aparecen como modelos a los que igualar e incluso superar. Palabras concretas, de tres dimensiones, como los objetos, como las que agitan a las multitudes de todos los tiempos y de todos los países, azotaban lo mismo que un látigo a pueblos ya propensos a la guerra y al pillaje. Los historiadores latinos han «arreglado» dichos discursos para hacerlos soportables para los espíritus delicados de sus compatriotas, pero resulta fácil encontrar bajo la afectación la violencia sonora y brutal de esas frases gritadas al aire libre, entre hombres a caballo, breves y claras para dominar el ruido de los cascos, para llegar a los auditores más lejanos, allá abajo, en el límite de los carros. Esas frases que la multitud recibe con avidez, que parecen emanar de ella, de su calor, de su deseo, de su impaciencia.

Cuando oía la aclamación gutural de los jinetes, Atila sabía que podía contar con ellos, y partía enseguida, dejando entre la multitud la imagen poderosa y rápida del rey.

Su viaje duró varios años. Subió hasta Asia central, volvió a bajar por las costas del Báltico, se aseguró la fidelidad de los aliados eslavos y germanos y volvió al Danubio. Utilizando según las circunstancias el prestigio, la persuasión o el terror, había devuelto la unidad de gobierno a los hunos. Había despertado en ellos el viejo instinto de lucha y de conquista. En el momento de actuar bastaría que enviara a sus emisarios, y todas las hordas se lanzarían en unión hacia el objetivo señalado. Pero en cuanto volvió surgió una nueva dificultad: Bleda.

Durante todo el tiempo que en apariencia había compartido el poder con su hermano, Bleda se había mostrado como un colaborador discreto. No intervenía en los asuntos de gobierno, satisfecho de los placeres que le aportaban la caza y la orgía. Al partir de la capital danubiana, Atila cometió la imprudencia de confiarle la autoridad... A menos que esta imprudencia, intencionada y largamente meditada, no escondiera otra intención y preparara para más tarde, ocurriera lo que ocurriera, un pretexto...

Enorgullecido por el poder y las responsabilidades que le incumbían en ausencia de su hermano, Bleda se había tomado su papel muy en serio. Daba audiencia a los embajadores, legislaba, administraba justicia. Se le veía menos asiduamente en las cabalgadas, y si bien seguía bebiendo, con exceso, en los festines, las preocupaciones del reino otorgaban una expresión de solemnidad grotesca a su rostro embrutecido por la borrachera. La larga ausencia de Atila alimentaba las esperanzas que se había hecho de no verle volver jamás. Pensaba que Aebarso o los acatziros sabrían atraerle a alguna trampa, y ya se acostumbraba a los prestigios del poder y a la idea de reinar solo.

La vuelta de su hermano anuló estos sueños ambiciosos. Consintió en restituirle la parte de autoridad que le correspondía, pero cuando Atila quiso, como en el pasado, gobernar sin él, Bleda le hizo notar, con un orgullo herido, que le había tomado el gusto a la realeza y que ya no se iba a contentar con títulos honoríficos. Exigía, a partir de ese momento, compartir con él todos los honores y todas las responsabilidades. Como prueba de las capacidades políticas que se habían desarrollado en él durante los últimos años, expuso un sistema de gobierno completamente extravagante, y que no se parecía en absoluto a los proyectos de Atila.

Éste no dijo nada, pero unos días más tarde Bleda moría en un accidente de caza. La calumnia acusó enseguida a Atila de haberse desembarazado de su hermano. En Constantinopla y Roma se gritó que lo había asesinado con sus propias manos. En la capital huna, se murmuró por lo bajo. Pero Bleda estaba muerto, y eso era lo único que importaba. Nadie podrá probar nunca que él lo mató. De ser cierto, es poco probable que él negara este hecho si alguien hubiera tenido la audacia de reprochárselo. Pero habría añadido: «Bleda era un bruto estúpido y me equivoqué al confiarle el poder en mi ausencia. Se había vuelto un presuntuoso. Si hubiese tenido que escucharlo, me habría contradicho en cada uno de mis proyectos, habría fomentado las habladurías, y habría intrigado con mis enemigos. Habría desanimado a mis partidarios más entusiastas, y nuestros adversarios más tímidos se habrían envalentonado al ver a los hunos gobernados por dos reyes tan mal avenidos. ¿Sabéis lo que quiero hacer con vosotros, entendéis adónde quiero conduciros? Si es cierto que lo maté, ¿no comprendéis que era en interés vuestro, en interés del país? Admitamos, si así lo deseáis, que lo asesiné. Y ahora confesadlo, sinceramente: ¿No creéis que hice lo correcto?»

Los hunos tentados de censurar el asesinato de Bleda no habrían reprochado durante demasiado tiempo a Atila sus métodos de gobierno, al enterarse del prodigio que consagraba de forma sobrenatural la grandeza de su reino, porque la espada, la espada antigua, mítica, que el fundador de la dinastía, el antepasado de los hunos, había tirado, sin que se supiera dónde, reservando al elegido que la descubriera los más grandes destinos, aquella espada había sido hallada. El rumor de este suceso extraordinario corrió enseguida, desde el Danubio a las fronteras chinas, de Crimea al Báltico. Un pastor, al constatar que uno de sus animales se había herido en la pata, le dio la culpa a alguna piedra afilada, pero vio hundida en el suelo, con la punta al descubierto, una espada. No era raro encontrar armas en el campo de batalla, y el valle del Danubio había servido tan a menudo de terreno de combate a todos los pueblos de Europa que el hecho no habría parecido tan sorprendente si no fuera por esa extraña colocación del arma. El pastor la desenterró y se la llevó al rey, que enseguida reconoció la espada sagrada. Todos los hunos acudieron a contemplarla con gran veneración y aseguraron que desde tiempos inmemoriales las profecías prometían un Reino del Mundo al rey bajo cuyo mandato se encontrara la espada.

Los enojos que había causado la sospechosa muerte de Bleda no podían perdurar ante un signo tan evidente del favor divino. La causa de Atila era una causa justa, puesto que las fuerzas sobrenaturales le gratificaban con esa prueba deslumbrante.

Algunos días después del descubrimiento de la espada, Atila recibió a un mensajero que venía desde Roma al galope. Traía para el rey de los hunos una carta de la princesa Honoria, hija de Placidia, hermana del emperador Valentiniano III, en la que solicitaba que la desposara. Como prenda de compromiso le enviaba un anillo.

El jinete, interrogado, informó de que la princesa le había encargado poner en manos de Atila la carta y el anillo, y que los soldados mandados en su persecución por el emperador para arrebatarle esos objetos no habían podido alcanzarle. Añadió que de Honoria se comentaba su debilidad de espíritu, y que su conducta escandalosa denotaba una sexualidad enfermiza y desajustada. Eso era por lo menos lo que se contaba en Roma. En realidad, Honoria era quizás una mujer soñadora, simplemente, a la que las descripciones terroríficas que se hacían de Atila enardecieron de pasión por ese bárbaro sobrehumano y monstruoso. También podía ser que le exasperaran la hipocresía y la necedad de su familia y de toda la corte romana, y que prefiriera la vida nómada bajo las tiendas de cuero y el amor del jefe huno a todas las delicias de la ciudad eterna.

Pero Atila no se fiaba, y sospechó una trampa o una broma pesada. Los soberanos asiáticos se desembarazaban a veces de sus enemigos, lo sabía muy bien, con anillos envenenados. Por prudencia no lo puso en su dedo, sino en un cofrecillo. Y como temía que se rieran de él, no respondió a la carta. Por otra parte, no eran mujeres lo que le faltaba —disponía de algunas centenas, varias de ellas hijas de reyes—. Honoria podía ser fea y, además, no le gustaban las que se ofrecen sin pudor.

El enviado volvió sin mensaje. De todos modos, no habría podido rendir cuentas de su misión a Honoria, pues Valentiniano, exasperado por esa locura, la había encerrado en un convento de Ravena.

Atila olvidó la carta y el anillo, pero los guardaba con la prudencia previsora de un hombre para el que todo es útil. No se sabe nunca qué puede necesitarse en un determinado momento...

CAPÍTULO SIETE

Amenazas

Desde hacía algunos años, las relaciones entre los hunos y el Imperio chino eran pacíficas. Durante su expedición por Asia, Atila había llegado hasta la Gran Muralla que, sin una sola brecha, fortalecida por sus torres y sus puertas bien guardadas, levantaba una barrera infranqueable ante la avidez de los nómadas. Atila codiciaba ese imperio, pero el momento de conquistarlo todavía no había llegado. Volvió sus ambiciones hacia Occidente, más fácil de tomar por el momento. Ya le llegaría el turno a China. Pero si quería reunir a todas sus fuerzas contra el Imperio romano, era importante que no hubiera nada que temer por el lado oriental. Los emperadores chinos también deseaban la paz. Se atrajo su indulgencia proclamando su amistad, y todos los años les enviaba embajadas cargadas de ricos regalos. Les reservó los más bonitos caballos de sus yeguadas, les regaló objetos preciosos que Rua, no hacía demasiado tiempo, había tomado de los burgundios. Halagó su orgullo de cultivados enviándoles manuscritos griegos y latinos, adornados con figuras pintadas, y placas de marfil labrado, y estatuas de bronce.

Los chinos hacían alarde del mayor de los desprecios hacia los hunos, a los que llamaban los «hediondos», pero preferían llevarse bien con esos inquietantes vecinos. Acogieron con buena disposición la oferta de su amistad, y respondieron a sus regalos con magníficos obsequios. Atila recibió de ellos varios títulos honoríficos, los más altos que los ritos permitían otorgar a un extranjero. Entre los dos soberanos se inició un juego de delicadas mentiras. Uno y otro estaban persuadidos de la mala fe que alimentaban recíprocamente, pero la necesidad les unía mediante un

vínculo más fuerte que el reconocimiento o el afecto. Representaban
hábilmente esta comedia cortés, tras máscaras sonrientes, y no aparecía
jamás una nota falsa en los discursos de los plenipotenciarios, portadores solemnes y aduladores de los humildes saludos que el hijo del cielo
enviaba al rey de los hunos, o de los deseos de felicidad y buena salud que
éste enviaba a su amigo, su hermano, con la promesa de una paz inalte-
rable.

Atila se aseguraba de este modo que los ejércitos chinos no traspasaran
nunca la muralla para sorprenderle cuando él se apoderara de Roma y de
Constantinopla. Después de haberlas conquistado ya volvería, pero esta
vez sin regalos ni mensajes afectuosos, y haría que las legiones romanas
marcharan al asalto de las defensas amarillas.

Todo estaba preparado. Había conseguido la unidad de su nación,
había asegurado la paz con los chinos, sometido a los rebeldes y tranquilizado a los tímidos. El destino, por añadidura, le había ofrecido dos
prendas de su gracia: la espada sagrada y el anillo de Honoria.

Cada año, durante el verano, se celebraba una gran reunión a orillas
del Danubio, cerca de Margus. Era el mercado más pintoresco que se
podía ver. Desconcertante por sus miles de colores, aturdidor por sus mil
ruidos, reunía a los pueblos más diversos. Los bárbaros traían sus pieles,
objetos en madera tallada y pintada, que intercambiaban con las bara-
tijas de los mercaderes romanos. Se compraban bueyes y caballos, telas
y grano. Los hombres se emborrachaban en las tabernas, y las mujeres
perdían la cabeza ante joyas de cristal y de cobre. Se organizaba de este
modo un alegre tumulto, en el que convivían los trueques y los placeres,
en una confusión ruidosa en la que los soldados bizantinos intentaban
vanamente poner un poco de orden.

En 441 el mercado había congregado a más gente que de costumbre,
y prometía maravillosos beneficios, cuando de pronto un día esta prosperidad se vio interrumpida por la llegada de los hunos, que se lanzaron
a caballo al centro de la feria, matando y saqueando, para gran desespe-
ro de los mercaderes y para terror del regimiento de policía que huyó a
todo correr. Después de hacerse con las mercaderías se retiraron y con-
tinuaron con sus depredaciones a lo largo del río. El emperador de Oriente
envió inmediatamente un mensaje reprobador a Atila. Le echaba en cara
que no hubiera respetado los acuerdos de Margus. Esperaba, de todos
modos, que ese acto de pillaje no fuera imputable más que a elementos

insubordinados y subversivos, y que el rey de los hunos supiera castigar como era conveniente a esos malhechores.

Atila respondió, con cierta insolencia, que los malhechores, como se les llamaba, habían actuado bajo sus órdenes, y que el saqueo del mercado no era más que un castigo infligido al obispo de Margus, pues éste había violado las tumbas de los reyes hunos enterrados a orillas del Danubio. Todo el mundo sabía que el obispo era un hombre avaro y codicioso, y que había querido apropiarse de los tesoros con los que los hunos se hacían acompañar al más allá. Por culpa suya, los antepasados de Atila se veían despojados en el otro mundo de sus joyas, de sus armas, de los arneses de sus caballos. ¿Qué podía representar el pillaje de una mísera feria de frontera al lado de tamaño acto de sacrilegio?

Preocupada por las formas jurídicas, la cancillería bizantina respondió a Atila que tenía que emplazar al obispo culpable ante el tribunal competente, exponer sus agravios y pedir la reparación de los perjuicios causados. Añadía que en los países civilizados el uso prohibía hacer justicia por propia mano, y que Atila, de conformidad con las leyes, ganaría el pleito, si su demanda era justa, una vez que hubiera presentado su instancia y el litigio se hubiera resuelto.

Sin pérdida de tiempo, el rey huno despidió al mensajero diciendo que los procedimientos bizantinos le importaban muy poco, y que tenían que entregarle inmediatamente al obispo de Margus para hacer que lo colgaran.

El emperador convocó al desdichado prelado y lo interrogó. Éste respondió, tembloroso, que él nunca había violado las tumbas de los antepasados de Atila, que ni siquiera sabía dónde se encontraban, y que si el hecho invocado era cierto, lo que él dudaba mucho, era imputable a cualquiera menos a él. De este modo, la cancillería requirió a Atila la descripción y la situación de las tumbas presuntamente violadas.

Durante este intercambio de mensajes, los jinetes hunos continuaban devastando los pueblos a orillas del Danubio, y las tropas romanas estacionadas en la frontera eran demasiado débiles para hacer que esas depredaciones cesaran. Atila no respondió a las preguntas precisas de los juristas bizantinos: se limitó a reclamar una vez más, y de manera más breve y amenazadora, al obispo de Margus. Teodosio vacilaba. Todos los intentos de mantener el debate sobre el terreno jurídico habían sido inútiles. Los hunos no querían escuchar, y se había llegado a la amenaza de una nueva invasión por culpa de ese incidente ridículo. El obispo temblaba en su diócesis. Tenía mucho miedo de Atila, y una confianza mediocre en la protección que el Imperio de Oriente podía ofrecer a sus súbditos en peligro. Atendiendo a órdenes suyas, se había fortificado la ciudad, y esperaba con inquietud el resultado de las negociaciones mientras inspeccionaba las murallas y se aseguraba de la solidez de las puertas.

Las reclamaciones de Atila se hacían cada vez más apremiantes y amenazadoras. Se estaba llevando a cabo una investigación, respondían desde Bizancio, ya le informarían del resultado desde el momento en que llegara a la cancillería. Eso les permitía ganar tiempo y decidir si había que entregar al obispo o correr los riesgos de una guerra con los hunos. Teodosio no se creía la historia de las tumbas violadas y sabía muy bien que Atila sólo buscaba una ocasión para declarar la guerra. El pretexto era grosero, y el rey huno lo había invocado solamente porque pensaba que el gobierno bizantino no sacrificaría nunca al obispo, sabiendo que era inocente. Y en efecto, los escrúpulos de Teodosio le impedían en principio calmar de ese modo la cólera de los hunos, pero había que evitar cualquier incidente, y más valía entregarles al obispo de Margus que ofrecer a esos hombres tan violentos la excusa para que atacaran al Imperio.

A pesar del cuidado que había puesto en hacer reparar las murallas y en aprovisionar la ciudad con víveres y agua potable, el obispo se decía que si el emperador no lo entregaba, ésas serían débiles defensas contra las hordas bárbaras. Las vacilaciones de la corte bizantina seguían siendo inquietantes, y el autor involuntario de este conflicto temía que la paz se hiciera a su costa. Además, los hunos se aproximaban a Margus. De todos modos él sería la víctima del desacuerdo, pues en ese momento ya sería demasiado tarde para socorrerlo, y aunque el Imperio lo cubriera, eso no impediría a Atila devastar la ciudad y hacerle expiar la falta de que se le acusaba.

Tras mucho reflexionar, el pobre obispo decidió que la única salida era entrar directamente en relaciones con Atila. Si el rey de los hunos no deseaba más que una satisfacción para su amor propio, esta gestión se la otorgaría, y si no se contentaba solamente con eso, el obispo le ahorraría el trabajo de asaltar Margus abriéndole las puertas. Una vez consultado, Atila aceptó el trato, y un día se supo en la corte de Constantinopla, entre muestras de estupor, que el obispo había escapado en busca de los hunos y que había vuelto con ellos para que ocuparan su diócesis.

A Teodosio le faltaban soldados y dinero, por lo que apeló al emperador de Occidente y le rogó que acudiera a castigar a los invasores. Pero Valentiniano tenía demasiadas ocupaciones como para estar en condiciones de distraer a una sola de sus cohortes. Genserico había atacado Sicilia en 437. Dos años después se había apoderado de Cartago, sin declaración de guerra. Las pocas ciudades que Roma poseía todavía en la costa africana habían sido tomadas por los vándalos, una detrás de otra. Repitiendo el gesto de su padre Bonifacio, Sebastián, vencido por Aecio y caído en desgracia, había venido a refugiarse junto a Genserico, y dirigía su lucha contra las posesiones romanas de África.

Ahora bien, África y Sicilia eran los graneros de trigo del Imperio romano, el cual, privado de estos recursos, se arriesgaba a morir de hambre. Contando sobre las importaciones, la población italiana había dejado las tierras sin cultivar y había abandonado el campo por la ciudad. Ahora era ya demasiado tarde para organizar una política agraria nacional, era necesario reconquistar África y expulsar a los vándalos de la isla de Sicilia en la que se habían establecido.

Eso no iba a ser fácil, pues la flota romana estaba en muy mal estado, y los piratas vándalos no habían dejado más que los viejos barcos podridos y se habían apoderado de todos los demás para constituir su propia flota, más numerosa y mejor equipada en esos momentos que la del Imperio. Navegaban libremente, ocupaban las Baleares, detenían a los convoyes de víveres o a los transportes de tropas, y hacían que su capricho reinara sobre todo el Mediterráneo.

Como la situación parecía desesperada, se recurrió a Aecio. Solamente él podía tomar las medidas necesarias para salvar el país de una ruina total. Consultado por Valentiniano respondió que en circunstancias tan graves no convenía fiarse de regimientos extranjeros que cambiarían de bando en cuanto la ocasión se presentara. Los romanos tenían que encontrar en su tradición de arrojo y de honor la fuerza suficiente para rechazar al enemigo. Ordenó que se convocara al pueblo a empuñar las armas.

En todas las calles de Roma, a través de ciudades y pueblos, hasta las aldeas más lejanas, los pregoneros leyeron una emocionante proclama del emperador. Contaba, según decía en ella, con el patriotismo bien conocido de sus súbditos para salvar el país. Destacaba que en las guerras de conquista se había empleado a contingentes bárbaros, dejando a los latinos trabajando el campo o en su comercio, pero que ahora se trataba de defender el campo y el comercio, y esta labor sagrada no debía confiarse a manos extranjeras, etcétera. En resumen, todos los hombres válidos, cualquiera que fuera su edad, tenían que enrolarse cuanto antes. Los italianos, que habían perdido la costumbre de la guerra después de largos años, y que se habían habituado a pagar cómodamente a los bárbaros para que los remplazaran allí donde era necesario afirmar la gloria y la invencibilidad de las armas romanas, acogieron sin entusiasmo esta invitación. Sin embargo se sintieron directamente amenazados —Aecio había puesto cuidado en propagar cada día alguna noticia alarmante— y se decidieron a obedecer.

Pero como para pasar a África se necesita una flota, el primer cuidado del ministerio de la guerra fue reparar los barcos existentes y construir otros nuevos, lo que llevó largos meses. Finalmente pudieron equipar y botar un millar de barcos. Se embarcó al ejército, y ya no se esperaba más que el viento favorable para largar las velas cuando la noticia del incidente de Margus llegó a Roma. Aecio hizo que respondieran a Teodosio que el Imperio de Occidente se encontraba en dificultades demasiado grandes para acudir en su ayuda, pero al mismo tiempo retrasó la salida de su flota. Sabía que los hunos eran capaces de devastar un país entero, y de hacer arder algunos pueblos, conocía esa impulsión del caballo que, inconscientemente, llevaba a los nómadas hacia las aventuras lejanas. Una vez lanzados, ¿dónde se detendrían los nómadas? Las escaramuzas del Danubio podían ser el prólogo de un drama en el que el Imperio de Occidente quizás estaba llamado a representar un papel. Consecuentemente se abstuvo mucho de enviar en socorro de Teodosio a su nuevo ejército, e impidió que éste atravesara el Mediterráneo, sabiendo lo difícil que resultaría hacerlo volver de África. No, el ejército debía permanecer en Italia hasta nueva orden, dispuesto a parar los golpes imprevistos.

¿Cuáles eran en realidad las intenciones de Atila? Es poco probable que el incidente de Margus no fuera más que una excusa para asaltar unos cuantos pueblos. Por otra parte, tampoco parecía querer iniciar una operación brillante. Sin embargo, tras la rendición de Margus, pareció que iba a decidirse por la acción y penetró en Mesia con numerosas fuerzas. Sucesivamente tomó Viminacium, Ratiara, Singiduno, Sirmio, capital de Panonia, y después se volvió hacia Tracia, se apoderó de Naiso y destruyó por completo Sárdica.

Los dos emperadores se inquietaban por estos éxitos, cuando de pronto el avance de los hunos se detuvo. Estaban apenas a cinco jornadas del Danubio en tierras romanas cuando, sin presentar combate, recularon, y después desaparecieron. La multitud de soldados se retiraba sin razón, tal como había venido, dejando algunas ciudades en ruinas. Inquietos por esta maniobra inesperada y que tenía todas las características de una trampa, los romanos esperaban ver a Atila surgir súbitamente en cualquier región en la que no se le esperara, pero sus temores eran vanos. Atila no volvió a aparecer. Es probable que juzgara que ése no era el momento oportuno para iniciar el gran ataque, o quizá pensara, tras las últimas escaramuzas en las que había puesto a prueba a sus fuerzas, que las tropas no estaban suficientemente preparadas, o que malas noticias procedentes de Asia mostraran que esa unidad de la nación que él consideraba imprescindible estaba todavía mal cimentada.

Durante cinco años Roma y Bizancio no sufrieron más ataques de los hunos. Éstos permanecían en la orilla del Danubio que les había sido asignada sin tentar nuevas incursiones en la orilla opuesta. Viendo esto, los habitantes que habían sido expulsados en el curso del último ataque volvieron a instalarse en sus poblados. Edificaron casas de madera en las ruinas de las ciudades, labraron los campos, sembraron, y la vida volvió a empezar.

Entretanto, Atila recorría toda Asia, aplastando las revueltas de los hunos negros que deseaban conservar su independencia y dominando el desorden de las tribus recientemente llegadas de Asia central que, ignorando los proyectos de su rey, pretendían vivir todavía con la indolencia caprichosa de los nómadas.

Este trabajo de unificación fue largo y minucioso. Exigía viajes incesantes, puesto que cuando una tribu volvía al orden, otra se rebelaba, y la obra que parecía acabada volvía a quedar por hacer. En este mecanismo complejo, constituido por mil engranajes, extendido por regiones inmensas, desde el Báltico al mar Negro, del Danubio al Turquestán, no podía fallar el más pequeño mecanismo, pues eso detenía todo el movimiento y paralizaba la máquina. El prodigioso vigor de Atila, su tenacidad, su voluntad, eran necesarios para reparar a cada instante un engranaje roto, para volver a instalar un accesorio, para asegurar la perfecta sincronía de todos los elementos.

La labor era gigantesca. Era necesario fundir en un solo imperio a cien naciones nómadas que a menudo hablaban dialectos diferentes, celosas de su independencia y poco sensibles a los grandes sistemas políticos. Había que evitar que pelearan entre ellas, y que desaparecieran en la estepa como un manantial perdido.

Durante su estancia en Roma, Atila había comprobado que la fuerza del Imperio consistía en el funcionamiento de los diferentes servicios, en el empleo de correos regulares que facilitasen informaciones constantes. Toda esta estructura se encontraba ya en decadencia, pero todavía sorprendió a un nómada que no se imaginaba semejante organización. Había discernido los defectos del Imperio, pero también sus cualidades, y se esforzó en aplicar éstas a la nación huna. No costó poco: topaba sobre todo con el tradicionalismo de los viejos hunos, que no querían poner en duda la excelencia de sus viejas costumbres nómadas, y que por tanto no querían que nada cambiara. Para ellos Atila era un utopista que nunca llegaría a nada y que simplemente turbaba las costumbres ancestrales. Formaban un bloque compacto, cuya inercia era su fortaleza. En el curso de los años precedentes, Atila había creído vencer a su resistencia. Había hecho ejecutar a los jefes rebeldes, pero tampoco quería abusar de la violencia, y en cuanto partía, el muro de desconfianza y de tozudez volvía a cerrarse. A cada instante una malla de esta delicada red se rompía, y había que repararla a toda prisa, antes de que el desgarramiento se agrandara.

Fatigado por esos viajes incesantes, por esos esfuerzos en apariencia inútiles, por esos triunfos siempre precarios, Atila cambió de táctica. Ya que no podía convencer a los viejos hunos, los remplazaría por una nueva generación, más accesible a los proyectos audaces, a las innovaciones y a los entusiasmos. Se esforzó por conquistar a la juventud, y en cuanto un viejo jefe moría lo remplazaba por un hombre joven. Quiso el azar que la longevidad de los escépticos y de los obstinados disminuyera de golpe. Muchos de los viejos jefes de clanes murieron por accidente. Unos cuantos fueron ejecutados por haber desobedecido al rey, y pronto la administración de la nación se vio ocupada por hombres intrépidos y fieles.

Se organizaron servicios de mensajeros, se establecieron postas en los caminos. Los enviados de Atila reafirmaban con frecuencia el estado de ánimo de las tribus y les animaban a que mantuvieran el mismo celo. En otros casos espiaban los movimientos de los romanos.

Después de mejorar de este modo la estructura interior de la nación y de reforzar su cohesión, Atila desarrolló su política exterior. Envió a emisarios que velaban por la fidelidad de sus aliados germánicos. Otros se ganaron la amistad de Genserico. Y finalmente alentó a la rebelión dentro del Imperio romano. Los bagaudas recibieron dinero y armas de él. A pesar de la vigilancia de los agentes imperiales, mantuvo relaciones regulares con Tibato y Eudoxio, el médico marsellés, que fomentaban los levantamientos de los campesinos. Prometió su apoyo a Basilio, un jefe de labradores hispanos que se había proclamado rey.

Así se aseguraba aliados en el campo mismo del enemigo, y en el momento en que atacara al Imperio podría desencadenar en Galia, en España y en Italia revueltas que complicarían enormemente la labor del ejército romano.

CAPÍTULO OCHO

Política exterior

Mediante un trabajo obstinado que le había llevado varios años, Atila había fabricado una nación, un ejército. Ya no le faltaba más que el dinero para entrar en campaña. Los hunos eran pobres. Habían saqueado algunos lugares, pero los resultados de dichas operaciones no habían sido demasiado fructuosos. Las tribus, al enterarse de su llegada, salían huyendo y se llevaban todo lo que era precioso, y los vencedores no encontraban más que las mansiones vacías, o muebles pesados con los que no podían hacer nada.

La política financiera de los reyes les había conducido a servir a Roma y Constantinopla por la soldada que de éstas recibían. Atila no tenía más recursos que estos tributos, y también el dinero que los ministros daban secretamente a sus embajadores, creyendo que de este modo compraban también su complicidad. Había descubierto este procedimiento de corrupción, tan caro a la diplomacia romana, y lo utilizaba ampliamente en su provecho. Cuando la necesidad de dinero se hacía apremiante, enviaba una embajada a Teodosio o a Valentiniano, bajo cualquier pretexto. Se cubría de oro al embajador para obtener la renuncia a sus pretensiones, y el tesoro de Atila se enriquecía en la misma medida. Experimentaba una alegría maliciosa al imponer a los romanos esas tasas suplementarias que le proporcionaban los medios de luchar contra ellos.

Sin embargo, los ministros del Imperio juzgaban que sus exigencias se hacían demasiado frecuentes, y que a ese ritmo sus cajas pronto se encontrarían vacías. Roma había agotado todo su tesoro en la construcción de la flota y en la guerra contra los vándalos. El tributo que pagaba Constantinopla parecía módico comparado con sus nuevas necesidades. Era, de todos modos, un tributo que se pagaba de forma muy irregular, dependiendo de la entrada de los impuestos, la cual, tanto por la negligencia de los contribuyentes como por la deshonestidad de los perceptores, se efectuaba de modo bastante caprichoso.

Atila tomó como pretexto el retraso en un pago para invadir bruscamente el territorio del Imperio de Occidente. No tenía en absoluto la intención de declarar la guerra, su intención era solamente asustar a Teodosio para arrancarle el dinero. Como ocurre con todos los grandes políticos, a Atila no le gustaba la guerra. Le parecía un medio brutal y fácil, un recurso propio de los reyes sin genio. Cuando se la hacían la sufría, pero en su caso no se decidía hasta llegar al último extremo, tras haber agotado todos los argumentos pacíficos y las argucias de la diplomacia. Nunca tomaba parte en el combate, se contentaba con dirigir los ataques y ordenaba desde lejos el avance de sus escuadrones. Sentía un gran desprecio por los hombres que no piensan más que en matar o en hacer matar. Era una diversión bestial, desprovista de inteligencia, y generalmente sin provecho. Hábil con las estratagemas, prefería las largas negociaciones en las que se agota la paciencia del enemigo, las conversaciones insidiosas e irritantes que lo obligan a desenmascararse, los plazos en los que se «ahoga» al adversario como a un pez que ha mordido el anzuelo. Ese juego en el que colaboraban todas las cualidades del espíritu le parecía mucho más sabio y digno de ocupar a un soberano que las guerras absurdas, el primer y único argumento de los reyes demasiado estúpidos como para afrontar el duelo diplomático. Sobresalía en ese arte, en el que se complacían los monarcas de Oriente, y en sus estratagemas había a menudo menos de traición y de perfidia que talento o sentido artístico. Construir una estructura complicada de alianzas y de vasallajes, equilibrar los tratados, componer planos de campaña utilizando las complacencias, los odios, los rencores, los apetitos, todo eso era mucho más interesante que hacer maniobrar a los escuadrones. Atila no era ningún general, sino un diplomático, su política progresaba como una partida de ajedrez delicada y precisa.

La guerra era para él como un accesorio. Se servía de ella a propósito, con los mínimos riesgos y gastos, a cambio de un beneficio real. La evitaba durante todo el tiempo que podía, pero cuando las circunstancias la hacían inevitable, entonces la llevaba adelante con toda la crudeza necesaria y eficaz. Para que llegara a su objetivo era necesario que fuese corta y terrorífica. Se trataba no tanto de matar como de asustar. Las guerras largas acaban cansando a los dos adversarios, y como mucho se obtiene de ellas el resultado de haber vencido cuando también se está agotado.

Por extraño que pueda parecer, Atila hacía la guerra para poder hacer la paz, una paz ventajosa para él, naturalmente, y convenía, por consiguiente, no aniquilar al adversario, sino llevarlo a negociar. Cuando se quiere obtener el dinero de alguien, no hay que obligarlo a arruinarse, sino que debe asustársele lo suficiente para que estime salir bien parado pagando un pesado tributo. La ferocidad de Atila, convertida en proverbial, y que inspiraba tantas diatribas a los historiadores latinos olvidadizos de su propio pasado, era una ferocidad inteligente, es decir, proporcionada al objetivo y a los medios, calculada, aplicada, económica. Sabía que a veces es mucho más saludable hacer torturar a una decena de individuos con la ayuda de una gran puesta en escena que masacrar sin utilidad, oscuramente, a una multitud a la que le habría bastado con asistir al espectáculo del suplicio para decidirse a aceptarlo todo. No había que matar mucho, sino matar bien, en el momento oportuno, y dar a la masacre la publicidad necesaria. Mediante el poder de exageración de los pueblos, Atila estaba convencido de que sus diez víctimas se convertirían pronto en mil, y que las imaginaciones aterrorizadas aumentarían todavía más esa cifra. ¿Qué más le daba? Se sentía demasiado superior a todos para preocuparse por su reputación. Solamente existía el objetivo a alcanzar, y había que hacerlo por el camino más fácil, por el más corto. Tampoco le desagradaba ser «el hombre más odioso del mundo», y el día en que un eremita galo le llamó, con la voluntad de insultarlo, «azote de Dios», él adoptó entusiasmado este sobrenombre, convencido de que beneficiaría más a su éxito que un nuevo ejército de cien mil hombres.

Todavía no estaba preparado para su «gran conquista» cuando, en 446, invadió Tesalia. Únicamente quería obtener el dinero de Teodosio. Para conseguirlo había escogido a sus jinetes de aspecto más horrible, y después de recomendarles que no se despojaran de sus atuendos de cuero sucio ni de sus gorros de piel, que no comieran más que carne cruda calentada entre sus muslos y los flancos del caballo, que desplegaran todos los recursos de su imaginación para escoger las torturas a aplicar a los prisioneros, para así mantener viva la leyenda, y que añadieran algunos episodios más a ésta, los soltó sobre el Imperio de Oriente.

Importunado por su mujer Atenais, su hermana Pulqueria y Crisafio, el gran eunuco al que había nombrado portaespada, Teodosio II quiso resistir con la cabezonería de los débiles. Irritado por verse distraído de sus placeres y de sus trabajos de compilación, quiso demostrar que él también era capaz de hacer la guerra. Menos por patriotismo que por orgullo y por no parecer inferior a Valentiniano, al que detestaba. También es posible que creyera de buena fe que había vencido a los hunos cuando éstos, cinco años antes, habían detenido su avance a cinco jornadas del Danubio, cuando habrían podido saquear todo el Imperio. Después de haber seducido al mundo cultivado con su bella escritura y de merecer el sobrenombre de Calígrafo, ¿era posible que ambicionara los laureles militares y la gloria del general? Contra toda razón se obstinó, y tuvo que llegar el momento en que los hunos habían alcanzado ya las Termópilas y devastado más de setenta ciudades para que le entrara el miedo y se apresurara a detener las hostilidades.

Atila no se esperaba encontrar tan belicoso al hijo de Arcadio, y estaba decidido, si hacía falta, a ir hasta Constantinopla para arrancarle su sumisión. Pero la demanda de paz que Teodosio le envió lo detuvo. Bizancio capitulaba. El Imperio, atemorizado, se resignaba a comprar la paz. Haber tardado tanto en someterse iba a costarle todavía más caro.

Si el Imperio de Occidente no hubiese estado dispuesto desde el principio a aceptar todas las humillaciones, habría rechazado las condiciones de Atila. Éste exigía para empezar seis mil libras de oro en concepto de compensación. ¿Y de qué iban a indemnizarlo, si era él quien había arrasado una provincia? Gastos de guerra, respondía él. Bizancio no discutió. El tributo anual aumentaría a doscientas mil piezas de oro. Los prisioneros romanos evadidos se evaluarían cada uno a doce piezas de oro en lugar de ocho. Teodosio firmó sin resistirse. Era uno de esos hombres que no viven más que el momento presente, y a los que el futuro preocupa poco, siempre que escapen de las dificultades inmediatas. No se preguntó cómo iba a poder pagar esa indemnización y el tributo. Crisafio, portaespada, pero también ministro de finanzas, ya se encargaría del asunto. Lo más urgente era alejar a los hunos y reencontrar, sin inquietudes, la voluptuosidad de los festines y las delicias de la erudición. Aunque Atila hubiera pedido una cantidad diez veces mayor, Teodosio se la habría concedido con idéntica despreocupación. Tal y como estaba el tesoro del Imperio, habría podido, del mismo modo, prometer diez millones de libras. Las cajas estaban vacías, por mucho que se hubieran recaudado los últimos impuestos. Ordenó a Crisafio que consiguiera el dinero necesario, y volvió a su ocupación de copiar los textos legislativos del pasado.

El gran eunuco estuvo encantado de esta misión. Ambicioso, con una gran codicia, había tenido que gastarse una fortuna para obtener el ansiado título de portaespada, que lo convertía en confidente, secretario y factótum del emperador. Le había sido necesario eliminar a innumerables rivales, descartar mediante la calumnia a los que eran honestos, hacer asesinar a los demás, intrigar en los círculos próximos a la Augusta, sobornar a los ministros y adquirir el favor popular. Estaba en el poder desde hacía tres años, y el deplorable estado de las finanzas todavía no le había permitido recuperar sus gastos. Era una ocasión magnífica para volver a estrujar el país, para retener sobre las sumas percibidas la parte razonable que según él se le debía. Por desgracia para él, Atila no se fiaba de los eunucos ni de la manera que tenían de recaudar impuestos. En Roma se había fijado en que del dinero que los contribuyentes aportaban, una ínfima porción entraba en las cajas del tesoro. Pero como en ese caso el destinatario del dinero era él, quiso vigilar a los recaudadores más estrechamente que el gobierno y envió a Constantinopla a unos embajadores encargados de examinar las cuentas y de impedir que el producto de los impuestos se perdiera por el camino.

Teodosio II aceptó, sin reproches, este nuevo ultraje. Es posible incluso que no supiera nada. Pero Crisafio no perdonaría nunca a Atila esta muestra de desconfianza, y juró vengarse de quien tanto contrariaba su mejor ocasión de hacer fortuna. En realidad no perdía nada, pues exigía a los contribuyentes mucho más de lo necesario y se quedaba con la diferencia. Empezó por presionar a los senadores y a los ricos burgueses, y después, cuando ya le habían dado todo lo que poseían, a los comerciantes y artesanos. Finalmente tampoco olvidó ni el denario del campesino, ni el óbolo del plebeyo, y pronto no quedó en todo el Imperio ni un solo hombre, del más pobre al más opulento, que no se hubiese visto despojado de todos sus haberes.

Al emperador no le preocupaba en absoluto, porque le bastaba con poder ofrecer cada día fiestas brillantes, y mientras que la hambruna asolaba el país, los manjares más raros se amontonaban en su mesa con estúpida prodigalidad. Crisafio organizaba los placeres de su amo y velaba porque el dinero no faltara nunca en palacio.

Por mal administradas que estuvieran las finanzas, Atila recibió las sumas que se le debían, pero mientras se acercaba el momento para la gran conquista, comprendía el peligro que entrañaba dejar el Danubio como frontera entre él y el Imperio. Era una posición estratégica fácil de defender, y si a Aecio —pues tal idea ni se había pasado por la imaginación de los bizantinos— se le ocurría la idea de fortificarla, el paso por el río de todo su ejército se haría muy difícil. Todavía no sabía si atacar Roma o Constantinopla, pero no quería tener que franquear esa barrera cuya travesía en invierno se hacía imposible por la violencia de la corriente. Quería escoger el momento favorable para atacar sin tener que depender de un obstáculo ridículo, así que era necesario situarse en la orilla derecha y establecerse de una manera lo bastante fuerte como para poder convertirla en el punto de salida de su expedición. Dado que algunos jinetes se habían adelantado hacia Mesia y Tracia, y habían llegado hasta a cinco jornadas de distancia del río, estimaba que ese país había sido conquistado por él y tenía que reconocérsele. «Teodosio no adivinará la intención secreta, y creerá que se trata de una nueva arrogancia por mi parte —pensaba—. Es incapaz de comprender que el Danubio es su única frontera natural fácil de defender, y por tanto aceptará. Si pide consejo a Ravena, Aecio le dirá que lo rechace. En ese caso enviaré a unos cuantos miles de jinetes y volveré a tomar sin esfuerzo esa región que ya había ocupado. De todos modos ya estaré instalado en la orilla derecha, y desde allí...»

De acuerdo con su costumbre de no adquirir jamás violentamente lo que podía obtener con la astucia, la intimidación o la persuasión, Atila envió una embajada a Constantinopla. Los mensajeros encargados de presentar sus reivindicaciones tenían que ser notables y hombres fiables, ya que las negociaciones serían, sin duda, delicadas. Por tanto escogió a dos embajadores. El primero, Edecón, pertenecía a la aristocracia huna. Jefe de la guardia de Atila, pertenecía a la cepa mongola pura que constituía entre los hunos una casta privilegiada. Pero Atila no reservaba el favor a sus compatriotas. Acogía sin distinción de nacionalidades a todos cuantos se presentaban ante él, y en esa época quizás hubiera en la corte del rey más extranjeros que hunos. Los apreciaba por los servicios que podían prestar, y por la fidelidad de la que les creía capaces. No dudaba en ofrecerles cargos importantes cuando su talento los merecía. Era un conocedor de hombres de una extraordinaria perspicacia, y poseía el más alto grado de una cualidad raramente otorgada a los soberanos: saber escoger a las personalidades que lo rodeaban.

En este sentido, la corte de Atila presentaba la mezcla más curiosa de individuos, venidos de todos los puntos del mundo. Había jefes galos y rebeldes celtas, germanos y africanos, griegos, persas y españoles. Todos los aventureros de alta clase a los que asqueaba la vida mediocre del Imperio afluían a su círculo. Todos los jefes nacionalistas, cansados del yugo romano, venían a implorar su ayuda contra la tiranía imperial, los que no podían admitir que Galia, Bretaña, Panonia fuesen esclavas de amos despreciables como Teodosio o Valentiniano, saludaban en Atila al salvador que iba a librarlos de ese yugo. Los hunos no dejaban de sentir cólera al ver que algunos extranjeros invadían su campo y ocupaban altas funciones, pero reconocían que el rey no los escogía en absoluto por capricho, y que sabía juzgar con una mirada el valor de un hombre y la eficacia de su rendimiento.

La obra emprendida por Atila era internacional y tenía que emplear todo tipo de instrumentos, pero sobre todo las reivindicaciones nacionalistas. Cuando un jefe franco desposeído o un noble romano cuyos servicios rechazaba la corte de Ravena venían a enrolarse entre sus tropas, él les confiaba inmediatamente el empleo que les convenía. Esto conllevaba una doble ventaja: tener a su alrededor hombres que se lo debían todo, e interponer entre él y los jefes hunos siempre proclives a la independencia una guardia cuya vida dependía de la suya. Entre los romanos y los bizantinos, tan numerosos, que lo acompañaban no solamente había ambiciosos resentidos u hombres de estado amargados, sino también secretarios, intérpretes y aventureros como los que se ven en todas las épocas y en todos los países, que habían preferido los azares a la monotonía de una existencia banal. Se habían casado con mujeres de la horda, y vivían exactamente a la manera huna. Según las ordenanzas imperiales que ponían precio a sus cabezas se trataba de traidores, pero en realidad se trataba de espíritus originales que, pudiendo elegir entre la barbarie simple de los hunos y la civilización abominablemente decrépita y corrompida del Imperio, habían preferido esta «vuelta a la naturaleza». Claro está que entre todos esos europeos también había espías a sueldo de Roma o de Bizancio, escribas y bufones que el emperador había enviado al rey huno como regalos y de los que éste desconfiaba por prudencia, temeroso de los regalos de los romanos y de su pérfida generosidad.

Entre los extranjeros que desempeñaban un papel importante en el gobierno de Atila, había sobre todo dos que ejercían una gran influencia: Onegesio y Orestes. El primero era griego, pero después del rey ocupaba el primer rango en la nación huna. Sus funciones eran más o menos las de un gran visir, y Atila escuchaba con atención sus opiniones y consejos. Orestes era panonio, es decir, germano, y compatriota de Aecio. Descontento por ver lo mal que le recompensaban los servicios prestados al Imperio, indignado por la ingratitud con la que los romanos olvidan a los hombres a los que más deben y por la ligereza que les llevaba a elegir para las más altas dignidades a seres despreciables, se había unido a Atila.

Estas deserciones eran la consecuencia de una política absurda seguida tanto por la corte de Ravena como por la de Constantinopla. Los caprichos del favor imperial elevaban de golpe a un hombre para derribarlo al día siguiente. El favorito pasaba a convertirse en sospechoso, según la fantasía de la emperatriz o del gran eunuco. Ni a los ministros ni a los generales se les aseguraba ninguna situación estable, y la mayor preocupación de los funcionarios de todo tipo era conservar su puesto a cualquier precio, por precario que fuera. El interés del país pasaba a un segundo plano. El mismo Aecio, ese hombre de hierro, había sentido varias veces la tentación de pasarse al lado huno —bien que los había encabezado contra Bonifacio—, pero el sentido de la fidelidad militar y del deber le habían impedido hacerlo. Si había llamado a los hunos había sido siempre en interés del Imperio, y si en esa ocasión no hubiese escuchado más que su asco y su desprecio, con su ayuda habría barrido la corte podrida de Ravena. Pero detrás del emperador estaba el Imperio, y él servía al Imperio, con la intransigencia feudal de los germanos que ignoraban todo lo que no fuera el vínculo riguroso de soberano a vasallo. No se planteaba que Roma hubiese reducido a su nación a la servidumbre, ni que siguiera oprimiéndola con la más grosera de las crudezas. Era general romano, no se preocupaba por las amabilidades sospechosas de Valentiniano, ni por la perfidia de Placidia, y seguía fiel a su papel, partiendo cuando caía en desgracia, pero volviendo solícito cuando la corte en estado de pánico se lo pedía.

Orestes, panonio como él, toleraba menos dócilmente el yugo romano, y había acudido a Atila con la esperanza de que ese hombre, por fin, liberaría a todos los pueblos oprimidos del yugo romano. El destino que juega irónicamente con el devenir de los individuos reservaba a Aecio, el fiel, una muerte innoble, asesinado por la misma mano del emperador al que había salvado, mientras que del germano rebelde hizo el padre del último emperador de Occidente, y por capricho también le dio a éste el nombre del fundador de Roma, Rómulo. La historia romana, que se había abierto con este nombre, se cerraría también con él, y Orestes, el consejero de Atila, sería quien daría al Imperio su último César.

CAPÍTULO NUEVE

Embajadas

Edecón y Orestes partieron juntos hacia Constantinopla. Tenían como misión presentar a Teodosio II las últimas exigencias de Atila. Éstas se referían a la rectificación de fronteras que él deseaba y al protocolo de las embajadas.

Sobre el tema de las fronteras danubianas, el huno reivindicaba como propia toda la región situada más allá de la orilla derecha del Danubio, desde el río hasta el lugar en que la expedición de 441 se había detenido. Había razones para delimitar exactamente esa línea, que pasaba por Naiso. Reclamaba que los mercados que se celebraban hasta entonces a orillas del río se trasladaran más allá de esta frontera, y que los romanos que habían vuelto a instalarse indebidamente en la región se apresuraran a abandonarla.

En lo que respecta a las embajadas, se lamentaba de que los mensajeros enviados por Bizancio fuesen a menudo gentes de poca importancia, y hacía saber al emperador que a partir de ese momento sólo recibiría a los primeros cargos del Estado. Todos los demás serían detenidos y expulsados inmediatamente.

Teodosio concedió una audiencia a los mensajeros de Atila, y éstos expusieron el objeto de su viaje. Escuchó con desprecio a Orestes, al que contemplaba como un traidor y un desertor, y respondió que la cuestión era delicada y merecía un examen atento. En efecto, delimitar la nueva frontera no era fácil, y para hacerlo era necesario nombrar a algunos expertos y establecer algunas estadísticas. Como Atila volvía a insistir en reclamar la extradición de los desertores hunos, convenía también llevar a cabo algunas encuestas por todo el Imperio para conocer cuántos eran y poder así reunirlos.

Orestes y Edecón se retiraron. En el momento en que salían de la sala de audiencias les abordó un agregado de embajada llamado Vigilas, que les explicó que después de haber visto al emperador era necesario rendir visita al portaespada, y que se ofreció a llevarles ante él. Conociendo el papel que Crisafio desempeñaba en Constantinopla los embajadores aceptaron, y empezaron su marcha a través del palacio para llegar a los apartamentos del eunuco.

En todas las salas que atravesaban Edecón prorrumpía en gritos de admiración. Acostumbrado a los carros y a las groseras casas de madera, el huno miraba estupefacto los mármoles preciosos, los jarros, las esculturas. Deslumbrado por el lujo que decoraba profusamente el palacio, a cada instante se detenía para mirar un mosaico, tocar una tela, contemplar una estatua. Orestes, acostumbrado desde la infancia a los fastos bizantinos que él había abandonado por la vida rústica de los hunos, sonreía ante ese entusiasmo infantil y dejaba que su compañero se detuviera tanto tiempo como deseara para admirar cada objeto. Su guía Vigilas consideraba con desdén esta manifestación de mal gusto. Era el encargado de llevarles ante Crisafio, y no de mostrar las bellezas del palacio a una pareja de bárbaros. Interrumpió secamente las incesantes preguntas de Edecón, y pronto entraron en las habitaciones del eunuco.

Crisafio tenía poca confianza en las cualidades diplomáticas de su señor. Se había abstenido de aparecer en la recepción de los embajadores por deferencia, pero esperaba impaciente la ocasión de escuchar el mensaje de Atila que habían traído para Teodosio, y los había hecho venir a su casa para discutir familiar y oficiosamente sus condiciones. Escuchó sin abrir la boca. Dada la importancia de dichas condiciones, según dijo, no quería pronunciarse. Tenía que reflexionar, hablar con el emperador... Mañana volvería a recibirles.

Sin embargo, apenas hacía unos minutos que los embajadores habían salido cuando Vigilas volvió a abordarlos para transmitirles una invitación para comer en casa de Crisafio. Sorprendidos, aceptaron, y cuando volvieron por la noche encontraron al eunuco sonriente y afable, afanoso en atenderles bien. Bastante inquietos por este cambio de actitud, y temiendo las amabilidades de un hombre famoso por su perfidia y capaz de todo para asegurarse el poder, al principio comieron con desgana algunos bocados, pero luego se dejaron llevar por la glotonería. Vigilas, que asistía a la comida, también les observaba con el rabillo del ojo, y reía por la sorpresa que manifestaba Edecón ante cada nuevo manjar. El arte de la cocina bizantina exigía que ningún plato se pareciese a lo que en realidad era. Las carnes se cortaban y adornaban en forma de pescado, los postres parecían verduras y el talento de los cocineros se dejaba llevar en estas invenciones con una riqueza de imaginación prodigiosa. El vino era abundante, variado y bueno. Vigilas miraba a Crisafio, a escondidas, como para decirle «¿Lo veis? Es tal y como os lo había contado», y ambos parecían divertirse del placer pueril con que Edecón, una vez superada la desconfianza, disfrutaba de ese festín.

Durante el rato que había pasado a solas con el agregado de embajada, éste le había descrito entre carcajadas la estúpida admiración que demostraba el huno a cada paso. Pero Crisafio, hábil a la hora de sacar partido a toda clase de circunstancias, había entrevisto enseguida la posibilidad de utilizar toda esta disposición de espíritu, y su invitación no tenía otro objetivo que atraer hacia su terreno a los enviados de Atila para poderlos estudiar y ver qué podía sacar de ellos.

Aturdido por la sorpresa y el entusiasmo, Edecón bebía y comía con voracidad, y los sirvientes se apresuraban a atiborrarle de vituallas y de vinos. Tras la comida, los comensales se pasearon por las estancias de Crisafio. Éste les hizo admirar sus vestiduras tejidas en oro, teñidas de púrpura, bordadas y adornadas con piedras preciosas, y sus joyas, los cofres en los que guardaba el tesoro. Jarrones de plata y copas pintadas cubrían la mesa en profusión. Descuidadamente, el eunuco los condujo hacia las camas. Volvieron a beber.

Con la noche ya avanzada, mientras Vigilas discutía con Orestes sobre cuestiones de estrategia, Crisafio se acercó a Edecón y señalando a los otros comensales le insinuó:

—¡Cómo es posible que os dejen así, al margen! No entiendo que un hombre de vuestro valor se vea eclipsado por este Orestes, que no es más que un necio, y sin embargo, es evidente, todos los honores son para él. —Edecón miró a Orestes y a Vigilas, y su expresión se tornó irritada—. Evidentemente, es rico. ¡Ah, cuando se es rico...!

A continuación enumeró con complacencia todo lo que podía obtenerse con el dinero, mostrando en un ademán el lujo de la sala en la que se encontraban.

—Todo esto podría ser vuestro —continuó diciendo Crisafio—, siempre que queráis, claro...

—¿Cómo? —preguntó Edecón con mirada codiciosa.

—Oh, vaya, no sería muy difícil... Aunque supongo que no querríais...

—Haría lo que fuera —dijo Edecón con brutalidad.

—¿Lo que fuera? —repitió Crisafio con aire incrédulo.

El huno asintió con la cabeza repetidas veces, con oscura obstinación. Entonces el eunuco se inclinó hacia él y le preguntó en un susurro:

—¿Incluso contra vuestro señor?

Edecón hizo un ademán afirmativo y salvaje.

—¿Mataríais a Atila? —dijo Crisafio, con una sonrisa que podía hacer pasar la pregunta como una broma. Sus ojos se quedaron fijos en el rostro del interlocutor. Distinguió en él una lucha entre la fidelidad y la avidez. Edecón iba a decir que no cuando miró las camas mullidas, las copas de oro, las flores... Y dijo:

—Sí.

Como en ese momento Orestes y Vigilas se acercaban a ellos, Crisafio murmuró:

—Mañana por la mañana, a las once aquí.

Edecón, moviendo la cabeza, le hizo comprender que estaban de acuerdo.

Al día siguiente, Vigilas propuso a Orestes un paseo a caballo, y mientras que el embajador huno visitaba con él los monumentos de Constantinopla, Edecón se desplazó a casa de Crisafio. Sobrio, dudaba en mantener su promesa, pero el eunuco supo enumerar con tanto talento todas las ventajas que le iba a suponer —una buena suma de dinero, el favor del emperador, una alta función en la corte...— que el jefe de la guardia de Atila no resistió demasiado tiempo. Ciertamente, a él más que a ningún otro le iba a resultar fácil ejecutar tal misión. El rey era desconfiado, y resultaba difícil acercársele, pero él, Edecón, lo veía cuando quería, y podía elegir a su antojo el momento propicio para asestarle el golpe. Sin embargo, corría grandes riesgos, pues si los oficiales de Atila descubrían al culpable, pagaría con su cabeza. Crisafio comprendió lo que insinuaba el huno, y le ofreció cuarenta libras. Edecón le pidió cincuenta. El eunuco, que esperaba una suma mucho mayor, se apresuró a aceptar, y el trato quedó cerrado. Mientras Edecón volvía a reunirse con Orestes, Crisafio corría a las habitaciones del emperador para anunciarle la buena noticia.

En un principio Teodosio fingió censurar esta maniobra, esta traición que, según decía, se convertiría en un escándalo sobre la grandeza del Imperio. Que los que se sienten débiles, según decía, se desembaracen de este modo de sus enemigos es normal, pero no se aviene con la majestad de un monarca de Bizancio aprobar procedimientos tan menospreciables. Para empezar, no quería ni oír hablar de esas negociaciones que reprobaba, y le dejaba toda la responsabilidad al ministro que había tomado la iniciativa. Crisafio dejó que se calmara esta falsa cólera que exigía el prestigio del emperador, y no hubo necesidad de insistir para convencer a Teodosio de que desembarazarse de Atila por cincuenta libras de oro era el medio más económico que podía encontrarse. Pero como el emperador no acababa de fiarse de un cómplice así, el eunuco le explicó de qué modo, deslumbrado por los esplendores augustales, el bárbaro se había dejado engatusar.

—Hará todo lo que le digamos —dijo Crisafio.

—Creía que los hunos eran más leales —insinuó Teodosio.

—Lo son —respondió el eunuco—, pero a Edecón le indigna que se le haya dado a Orestes el papel principal y la dirección de la embajada. He sabido utilizar con habilidad la cólera que este ultraje le ha causado para despertar su odio hacia Atila, y quizá se vengue tanto por despecho como para ganar la recompensa prometida.

—Cincuenta libras es mucho dinero —dijo Teodosio sacudiendo la cabeza—. ¿No habríais podido obtenerlo por menos?

Crisafio explicó que en circunstancias semejantes lo mejor era no escatimar.

Plenamente tranquilizado, Teodosio recuperó su majestad e hizo convocar a los embajadores. Orestes, que la víspera le había visto vacilante, casi tembloroso, se sorprendió de verlo tan arrogante, autoritario y resuelto. Había salido de la primera entrevista con el convencimiento de que Teodosio aceptaría todas las condiciones de Atila, pero hoy, en cambio, se encontraba con un adversario intratable que no quería ni oír hablar de tributos ni de desertores. Teodosio era más inflexible por todo el miedo que había pasado, y se vengaba de golpe de todos los ultrajes que Atila le había infligido. Incluso exageraba esa intransigencia, y el embajador huno, acostumbrado a encontrar entre los bizantinos más docilidad, no entendía las razones del cambio.

La noticia, murmurada por Crisafio a algún confidente, de que un suceso inesperado iba a modificar pronto el curso de los acontecimientos, fue rápidamente conocida en toda la corte, y mirara hacia donde mirase, el huno no veía más que sonrisas socarronas o muecas amenazantes. Junto al emperador, sentado orgullosamente en una actitud de César, el portaespada bajaba los párpados para mirar de soslayo, los generales asían con orgullo las empuñaduras de sus sables, los ministros se frotaban las manos en la actitud de quien lo entiende todo y la corte entera disimulaba mal un júbilo incomprensible. Orestes, inquieto como un hombre que cae de improviso en medio de una enorme broma organizada a su costa, no se explicaba un cambio tan súbito e interrogaba con la mirada a Edecón, que ponía gran cuidado en no verlo.

Ahora que ya no había nada que temer de Atila (pues les parecía que ya estaba muerto) todos los hombres de Estado de Bizancio, aligerados de una pesada carga, recuperaban su orgullosa insolencia. Un escriba, atendiendo las órdenes del emperador, leyó la respuesta que éste había preparado para Atila. Se le informaba de que en todo el Imperio sólo habían dado con diecisiete desertores que se le enviaban y con los que tenía que contentarse. En cuanto a la cuestión de las fronteras, la corte imperial no veía la necesidad de cambiar nada de los términos del tratado precedente y no iba a admitir que un jinete huno penetrase en el suelo romano. Su exigencia a propósito de las embajadas era inaceptable, y como se había hecho hasta entonces, se le enviaría a los plenipotenciarios que se estimasen convenientes, ya fueran suboficiales o simples soldados. En cambio, Teodosio deseaba recibir como embajador de Atila al griego Onegesio, quien a su entender podía hacer de juez y árbitro del litigio, y le recomendaba que a partir de ese momento se abstuviera de enviarle a patanes como Edecón, que no podía ser *persona grata* en una corte civilizada.

Como Orestes intentaba contestar, Teodosio le impuso silencio con aire amenazador. ¿La comisión de delimitación? Quedaba suspendida. ¿Los informes de los expertos? Cancelados. ¿La retirada de los romanos establecidos en la provincia de Naiso? Si se encontraban bien allí, que se quedaran, y que nadie fuera a molestarles. El emperador puso fin a sus preguntas poniéndose en pie con aire ofendido. En el momento de salir añadió que los embajadores hunos debían partir de inmediato y que los plenipotenciarios bizantinos les acompañarían para entregar a Atila, en propia mano, la orgullosa respuesta del emperador. En voz alta dijo a Crisafio, que salía con él, que esos hunos se habían vuelto insoportables con su arrogancia, y que a partir de ese momento Bizancio sabría cómo actuar frente a esos bárbaros.

La corte enloquecía de entusiasmo. La noble actitud de Teodosio merecía todos los elogios. ¡Así había que hablar a los hunos! Se comentaba la sorpresa de Orestes, la disimulada incomodidad de Edecón, y se alababan las maravillosas virtudes políticas del gran eunuco.

Éste organizaba con el emperador el protocolo de la embajada. Enviarían a Vigilas, naturalmente, que estaba al corriente del asunto, para vigilar a Edecón, pero para alejar cualquier sospecha era necesario que a la cabeza de la misión figurara un hombre de probada honestidad. No podía conocer el verdadero objetivo de la misión, pues si realmente se trataba de un hombre honesto rechazaría cubrir semejante atentado. En la corte sólo había un hombre que pudiera representar ese papel: Maximino. Precisamente acababa de volver del extranjero ese mismo día, y no sabía nada del complot.

El emperador tenía prisa por verse librado del adversario y escogió apresuradamente a los miembros de la embajada. Maximino aceptó sin recelo la misión de discutir con Atila la rectificación de fronteras que solicitaba. No sospechaba en absoluto el grave peligro que corría cuando se supiera que Atila había sido asesinado por la instigación de los emisarios bizantinos, y se juzgaba que su buena fe le permitiría ganarse la confianza del huno necesaria para permitir a los conjurados que ejecutaran su proyecto. Crisafio quiso entregar a Edecón la suma pactada, pero el huno la rechazó, alegando que no podría cargar con cincuenta libras de oro sin llamar la atención, la codicia o la sospecha de sus compañeros. Sería mejor que un hombre seguro, como por ejemplo Vigilas, volviera a Constantinopla, en cuanto la embajada hubiera llegado junto a Atila, para buscar el dinero y llevárselo. Crisafio aceptó este acuerdo con la esperanza de que los criminales serían liquidados tan pronto como se descubriera el asesinato, y de que así cualquier pago se convertiría en superfluo. Pero el emperador mostró algunos escrúpulos en cuanto a Maximino. ¿Qué le ocurriría? Crisafio le respondió que no le preocupaba en absoluto, y que todo se arreglaría de la mejor manera posible. Si el atentado tenía éxito, era probable que en el desorden resultante los embajadores pudieran escapar. Si fracasaba, el emperador estaría en disposición de desautorizar a todo el mundo y de dejar que Maximino se las ingeniara con Atila. Se recordaba que la honestidad de Maximino había contrariado a menudo las intrigas de Crisafio, y era gracioso oír al portaespada declarar que el ministro no corría ningún peligro, y que si por imprudencia se encontraba con una suerte fatal, de este modo se haría digno de la patria, y que ésa era la única ambición de todo verdadero romano. En realidad, Crisafio sabía muy bien que la embajada pagaría por el atentado, triunfara o no, y si había recomendado tan calurosamente a Maximino para dirigirla era no sólo por tratarse del hombre más honesto de la corte (en la que contaba bien poco), sino por ser uno de sus enemigos personales al que con gusto vería desaparecer.

Entre los escribas que tenían que acompañar la misión había un joven griego llamado Priscos del que se alababa la perspicacia y elegancia. Contento de hacer tan largo viaje, de ver al célebre rey de los hunos, de observar las costumbres de los bárbaros y los paisajes de su región, el escritor había hecho provisión de tablillas y de rollos en previsión de las observaciones curiosas que tendría la ocasión de escribir sobre las costumbres, las instituciones y los mil incidentes del viaje.

Priscos era uno de esos agregados de embajada más preocupado por la literatura que por la diplomacia, que encontraba en las diversas misiones que se le encargaban un excelente medio de anotar sus observaciones sobre la psicología de los individuos, y de escuchar anécdotas, y de renovar en el extranjero las impresiones que la estancia en Bizancio hacía fastidiosas. Tenía a la vez gusto por lo pintoresco y sentido de la profundidad, y se le había incorporado a la embajada de Maximino no tanto por los servicios que podía proporcionarle como por el libro que resultaría de la experiencia y que sería uno de los documentos más curiosos sobre la personalidad casi fabulosa de Atila. De sobra se conocía que estaba fielmente vinculado a las ideas del gobierno, y no se temía en absoluto que manifestara, como ocurría demasiado a menudo entre los jóvenes romanos de espíritu subversivo, una curiosidad perversa y una malsana simpatía con respecto al huno. La terrible aureola con la que lo rodeaba la imaginación popular exaltaba a algunos de estos desocupados, descontentos de todo y de ellos mismos que, despreciando el orden establecido, intentan derribar, mediante paradojas que ellos creen brillantes, las preciosas tradiciones de sus padres. A veces se les oía decir que Atila era muy superior a Teodosio, que su genio político era maravilloso y que no dejarían de aplaudirle si un día tenía la inspiración de venir a sacudir la capa de polvo hipócrita que cubría a la sociedad romana. Todos los hombres sensatos pensaban que palabras semejantes eran altamente reprensibles, y anunciaban a quienes las pronunciaran el porvenir más triste. Priscos, en cambio, era demasiado respetuoso con el orden social como para permitirse pensar en cosas tan inconvenientes, y se sabía que juzgaría severamente al rey de los hunos y a su nación. De este modo su libro sería una justificación del acto de Edecón, y convencería a los que pudieran molestarse por el procedimiento empleado para deshacerse de Atila: siempre hay quien pretende mezclar su ideología con el ejercicio de las sanas virtudes políticas.

CAPÍTULO DIEZ

Diario de Priscos

[...] Las dos embajadas salieron de la ciudad el mismo día. Haremos juntos el camino, aunque la vecindad de los bárbaros apestando a sudor y grasa nos resulte penosa. En compensación, nos servirán de guías cuando hayamos abandonado las fronteras del Imperio, y no correremos el riesgo de perdernos. Maximino y Orestes, el embajador huno, van hablando con familiaridad a lo largo del camino. Entre las dos escoltas la cordialidad no es tanta. En las comidas —¡siempre buey o cordero asado!— se multiplican las querellas, pues los hunos suelen emborracharse, y su actitud es entonces insultante y violenta. Es difícil de creer hasta qué punto estos bárbaros son groseros y pendencieros. Anoche, una conversación mal dirigida llevó a establecer paralelismos entre nuestro augusto emperador Teodosio y Atila. Vigilas, indignado por lo que tal comparación tenía de ultrajante para nuestro señor, hizo la observación de que era indecoroso buscar parecidos entre un hombre y un dios. Al oír esta palabra, los bárbaros se echaron a reír y sostuvieron que su rey valía tanto como el nuestro, y que de todos modos es absurdo comparar a un hombre, sea quien sea, con un dios. Ya habíamos echado mano de nuestras espadas para castigar su blasfemia cuando Maximino nos exhortó a la paciencia y a la indulgencia. Estos seres de cara amarilla no merecen, en efecto, que se les trate como hombres... No tienen más razón ni educación que las bestias [...]

Maximino se ha quedado muy sorprendido de una conversación que acaba de tener con Orestes, en la que el enviado de Atila le habría hablado de Edecón en términos oscuros que han despertado la desconfianza del embajador. Éste acababa de ofrecer a los dos hunos vestidos de seda y gemas. ¿Quizás Orestes no estaba satisfecho de lo que había recibido? Maximino se ha dirigido a Vigilas, que conoce bien las costumbres de esas gentes, para saber el sentido exacto de esas palabras. Pero Vigilas no aprecia en absoluto a Orestes —y con razón, pues ese panonio es un traidor y un renegado—, y le ha explicado que habla de una manera absurda y que lo que ha dicho no tiene ningún sentido. Sin embargo, a continuación ha hablado durante largo rato con Edecón, que parecía muy descontento. Por lo visto existe entre los dos notables hunos una antigua querella alimentada por incesantes preocupaciones de presencia y de etiqueta, que son de lo más impropias entre bárbaros tan groseros [...]

Sardica. Trece días ya desde que salimos de Constantinopla. Nos instalamos como podemos en casas en ruinas para pasar la noche. La ciudad quedó completamente arrasada tras el paso de los hunos en su expedición de 441. Uno de nosotros, durante la cena, hace alusión al furor destructor de esos jinetes: «Por donde pasan, la hierba no vuelve a crecer.» Al oír estas palabras que deberían haberles llenado de vergüenza, los hunos han lanzado gritos de alborozo. Realmente se diría que se lo tomaban como un elogio [...]

Naiso. Esta ciudad tampoco ha escapado a la brutalidad de los hunos. La gloria de haber visto nacer al gran Constantino habría debido preservarla, pero estos salvajes no respetan nada. Una población lamentable de ancianos y enfermos que todavía habitan entre estas ruinas nos ha rodeado con llantos y lamentos. Hemos consolado como hemos podido a estas desgraciadas víctimas de la invasión asiática [...]

Cada día un nuevo espectáculo de horror se presenta ante nosotros. La llanura que acabamos de atravesar estaba cubierta de esqueletos. ¿Víctimas de la guerra, quizá? No, de la barbarie, pues estas fieras salvajes llamadas hunos no merecen la consideración de guerreros. El cielo quiera que se nos permita, un día, aniquilar a esta raza maléfica [...]

Durante todo el día hemos ido atravesando desfiladeros estrechos y espantosos. Agintheum. Alto. Los habitantes nos traen bueyes y corderos para la comida. Desde que salimos de Constantinopla sólo comemos carne asada, y los menos delicados de entre nosotros aceptan mal dicha monotonía. A los hunos, en cambio, no parece que les afecte y desgarran con sus dientes la carne sanguinolenta. El arte de nuestros cocineros permite medir la distancia que nos separa de estos brutos [...]

Hemos atravesado el Istrum en barcas de corteza que los barqueros hunos dirigen con habilidad, evitando la corriente del río. Una cantidad impresionante de estas embarcaciones se hallaba en las márgenes del río, había las suficientes como para transportar a un ejército. Como nos extrañábamos, se nos ha dicho que Atila cazaba por los alrededores. ¿Qué tipo de caza?

Seguro que esa pretendida caza no era más que un pretexto. Los hunos no sabrían contentarse con una diversión tan inocente. Lo que ellos llaman «caza» es la guerra. Le hemos hecho notar a Orestes que su señor «cazaba» en territorio romano, contrariamente a lo que establecen los tratados. ¿Y qué necesidad puede haber de llevarse al ejército de cacería? [...]

Desde el momento en que pasamos a la otra orilla del Danubio, los embajadores hunos y su escolta han partido al galope, con lo que hemos quedado muy confusos. Maximino está muy descontento con esta defección. Para nosotros es un alivio librarnos de estos bárbaros sucios y groseros. Nos quedan dos o tres guías que no comprenden ni el latín ni el griego, y nos hablan en su lenguaje. Ni siquiera Vigilas consigue hablar con ellos, y todo son gritos y gestos, lo que divierte mucho a los soldados de nuestra guardia [...]

Nos acercamos al final de nuestro viaje. En el momento en que acabábamos de preparar nuestras tiendas para pasar la noche, tras una jornada muy fatigosa, oímos el rumor de una galopada y dos jinetes hunos

nos anuncian que Atila acampa no lejos de aquí y que nos conducirán ante él mañana. Nos hemos alegrado de llegar a término. Los hunos han cenado con nosotros con bastante cortesía [...]

Hoy veremos (¡por fin!) al célebre bárbaro. Acabamos de llegar a la cima de una colina desde la que se divisa una extensa llanura cubierta de tiendas y de carros. Nos instalaremos aquí para reposar durante algunas horas antes de llevar a cabo nuestra misión [...]

Apenas habíamos descargado nuestros equipajes cuando una tropa de jinetes se precipita hacia nosotros con gritos y gestos amenazantes. Esto nos ha causado gran inquietud, hasta que Vigilas los ha interrogado y después ha podido explicarnos que su indignación procede de que hayamos levantado nuestras tiendas en un lugar elevado mientras que su rey se encuentra en el llano. Por lo visto es absolutamente contrario a los usos de su nación. Nos hemos excusado, no sin ironía, por este crimen involuntario de lesa majestad, y hemos descendido en busca de un lugar modesto, desde el que no se divisa la residencia real [...]

¿Cómo es posible que los pueblos civilizados traten con estos bárbaros que ignoran las costumbres más elementales del trato social? Un jefe huno llamado Scota, que parece gozar de un gran crédito por parte de Atila, ha entrado en nuestro campamento con una numerosa escolta de notables entre los que hemos reconocido a Edecón y Orestes. Con increíble descaro, Scota nos ha preguntado cuál era el objetivo de nuestra embajada. Maximino le ha respondido, dignamente, que el mensaje tenía que dárselo a Atila personalmente, mientras nosotros asistíamos con estupor a la escena, hasta tal punto nos parecía sorprendente la audacia de los hunos, incluso viniendo de asiáticos todavía salvajes. La orgullosa respuesta de Maximino les ha irritado, y han vuelto a repetir su pregunta, a la que él ha respondido de nuevo, del mismo modo. Ha añadido que los hunos no podían ignorar las reglas de la diplomacia internacional, puesto que habían enviado ya muchas embajadas a Bizancio, y que le sorprendía que se le solicitara infringirlas. Al comprobar el fracaso de su tentativa se retiraron, muy irritados [...] Un momento más tarde volvieron, pero comprobé que el general Edecón no estaba entre ellos. Reiteraron su pregunta con una cabezonería bestial, hasta que Maximino, perdiendo la paciencia, les dijo que no respondería a ella. Entonces vimos con sorpresa que Scota se echaba a reír, y cuál no fue nuestra sorpresa y nuestra indignación cuando nos declaró que sabía muy bien de qué mensaje éramos portadores y, para probárnoslo, nos lo recitó, palabra por palabra. Nos quedamos inmóviles, como si un rayo nos hubiera fulminado. Nunca se nos había infligido semejante ultraje. Vi que Maximino había palidecido al descubrir que los secretos de Estado habían sido divulgados de una manera tan indiscreta e imprudente. Cuando Scota añadió groseramente que si no teníamos nada más que decir podíamos partir, se repuso y ordenó que preparáramos los equipajes. Vigilas le detuvo, gritando que no podíamos actuar con precipitación, que los hunos no eran malos, que bastaba con saber aceptarlos, que se habían sentido heridos con la intransigencia del embajador. Añadió que todo estaba perdido si partíamos ahora, y que él podría arreglarlo todo si le permitían ver a Atila aunque sólo fuera un momento. Había que ganar tiempo, decía, alegar que Maximino poseía instrucciones secretas que precisaban de una audiencia con el rey [...]

Maximino no quiso seguir su consejo, y a última hora de la tarde estábamos listos para volver a ponernos en camino. Nos disgustaba tener que aventurarnos así en plena noche, en un país desconocido, y no disimulábamos nuestro descontento. En cuanto al embajador, no quería quedarse ni un instante más entre esas personas que le habían ultrajado, y estaba haciendo la señal de partida cuando un tranquilo cortejo se adelantó hacia nosotros. El mensajero de Atila, seguido de un buey vivo y de servidores que llevaban cestos de pescado, nos rogó que aceptáramos los regalos y que no partiéramos antes de la salida del sol. Maximino dudaba, pero le incitamos a consentir esta tregua, y nos acostamos después de haber cenado con buen apetito [...]

He dormido muy bien, pero un sueño me ha aconsejado que no me fíe de Vigilas. La actitud que había tomado ayer ya me había parecido sospechosa. He encontrado a un hombre inteligente, llamado Rusticio, que habla con fluidez las lenguas bárbaras. No pertenece al personal de nuestra embajada, y nos ha seguido por curiosidad, o más bien por el deseo de estudiar las relaciones comerciales que sería posible establecer más adelante con los hunos. Lo he tomado como intérprete y hemos ido a preguntarle a Scota si, dada su posición, podría mediar para obtener una audiencia de Atila. Al principio decía que era imposible, pero le he hecho algunos obsequios que enseguida han apaciguado. He comunicado el resultado de mi misión a Maximino, que ha tenido la bondad de aprobarla, y luego la ha alabado grandemente, pues apenas había pasado una hora cuando vimos que Scota galopaba a nuestro encuentro. La audiencia había sido concedida, nos ha dicho, y el rey nos esperaba.

Hemos atravesado el campamento hasta llegar a una gran tienda que según nos ha informado Scota es la residencia de Atila. Alrededor de esa tienda había tanta gente, contenida por un cordón de soldados, que nos ha costado grandes esfuerzos llegar a la puerta.

Atila, rodeado de ministros y oficiales, estaba sentado sobre un escabel de madera. Me ha sorprendido comprobar la extrema simplicidad de sus vestiduras, mientras que los jefes hunos iban vestidos con telas delicadas y coloreadas, robadas sin duda en Persia o China, con pájaros y flores, magníficamente bordadas. En la tienda había pocos objetos de valor. Solamente he podido percibir algunas bellas pieles tiradas por el suelo, y asientos de tosca madera. Cerca de él había un arco y un hacha. Aunque sólo lo he podido ver sentado, me ha parecido pequeño, pero muy fuerte. Su rostro es de un amarillo oscuro, imberbe y extrañamente plano. Sus ojos rasgados, hundidos, nos observaban con curiosidad.

Tan pronto como hemos entrado nos hemos detenido mientras Maximino avanzaba a solas hacia él. Llevaba en la mano la carta de Teodosio, y se la ha entregado al rey diciendo que el emperador le enviaba sus deseos de buena salud. El bárbaro ha respondido secamente:

—Que los romanos reciban todo el bien que a mí me desean.

Nos ha sorprendido esta respuesta poco cortés, pero Atila, recorriendo con la mirada a los hombres que nos seguían, ha detenido sus ojos sobre Vigilas, y ha gritado con una voz ronca que nos ha sobresaltado:

—¡Bestia desvergonzada! ¿Cómo osas presentarte ante mí? ¿Acaso no formabas parte de la embajada de Anatolio? ¿Acaso no tomaste parte con él en las negociaciones? ¿No sabías ya que ningún embajador romano sería recibido aquí hasta que todos los desertores hunos nos hubieran sido entregados?

Vigilas, turbado, ha dicho que esa convención había sido cumplida.

—¡Mentira! —ha gritado Atila.

Y siguiendo sus órdenes un escriba se ha puesto a enumerar a todos los tránsfugas que, según él, se encontraban en territorio del Imperio, y que eran muchos más de los diecisiete que habíamos traído con nosotros. En cuanto esta larga lectura ha acabado, Atila, imponiendo silencio a Maximino, que hacía además de querer hablar, ha declarado que si no fuera porque el hecho de pertenecer a una embajada protegía al secretario contra ese castigo, le haría crucificar para castigar sus palabras. Le ha ordenado que partiera inmediatamente hacia Bizancio con uno de sus oficiales y que recordara al emperador el acuerdo anterior. Se trataba solamente de una cuestión de principios, ha afirmado, ya que sabía que esos tránsfugas eran incapaces de ofrecer el menor servicio a sus enemigos, pero no convenía que ningún súbdito huno estuviese a sueldo del extranjero.

A un gesto de Maximino, ha afirmado que la orden de partida concernía solamente a Vigilas, y que la embajada se quedaría cerca de él hasta que la respuesta que quería enviar a Teodosio estuviese lista. Le hemos dado entonces los regalos que traíamos. Los ha recibido con complacencia, y con aire satisfecho nos ha despedido.

Vigilas se muestra muy inquieto por las consecuencias que este incidente pueda tener, y no sabe a qué atribuir la repentina cólera de Atila. Creo que los hunos le habrán informado de sus palabras en la cena de Sárdica, pero a él parece preocuparle otro asunto, y pretende que tiene que haber una razón más grave. De todos modos ha parecido más tranquilo después de que Edecón haya venido a hablar con él largamente, y nos ha dicho que la cuestión de los tránsfugas había irritado a Atila y provocado sus amenazas [...]

Tras la visita de Edecón hemos recibido la de un jefe huno que ha venido a comunicarnos una orden del rey que prohíbe al personal de la embajada comprar nada en Hunia, a excepción de los alimentos necesarios. Nos ha parecido muy divertido, porque no estamos demasiado tentados por lo que vemos a nuestro alrededor. La orden estipula que la prohibición concierne tanto a los caballos como a los prisioneros romanos y a los esclavos bárbaros [...]

Un mensajero de Atila nos informa de que el rey volverá pronto a su capital para que así estemos preparados para seguirle. Cargamos los mulos y cerramos los cofres. Esperamos el capricho del rey [...]

Nos ha despertado el estrépito que reinaba en el campamento. Acabamos nuestros preparativos de salida y nos incorporamos a la retaguardia del ejército, en marcha hacia el norte. Vigilas partió hacia Constantinopla ayer, con el huno Esla. Nos parece que éste le sigue más como carcelero que como compañero, tan numerosa es la escolta de jinetes armados [...]

Nos hemos apartado del ejército de los hunos, que ha tomado el camino oblicuo hacia la izquierda mientras nuestros guías han seguido por el mismo. Al ver nuestra extrañeza, han declarado que se iban a celebrar las bodas de Atila con la hija de Escam, uno de sus ministros, y que ningún extranjero debía asistir a la ceremonia.

¡Las bodas de Atila! Posee ya más de doscientas mujeres [...]

El país que atravesamos es plano, monótono y surcado por marismas. Encontramos algunos ríos, que debemos cruzar vadeándolos, y cuando son demasiado profundos, en barcas que nos facilitan las gentes que habitan en los pueblos vecinos. También nos traen mijo, hidromiel y leche de yegua, lo que hace que casi echemos en falta el buey asado que comíamos en nuestro viaje precedente [...]

Acabamos de soportar la tempestad más terrible que imaginarse pueda. El viento nos ha arrebatado las tiendas y los utensilios del campamento, los ha lanzado al río, y hemos pasado la noche bajo la lluvia, en busca de una aldea en la que pudiéramos abrigarnos. Afortunadamente hemos encontrado un grupo de cabañas, desde el que atendiendo a nuestros gritos han salido hunos con cañas encendidas. Nos han recibido amablemente. Hemos podido secar junto al fuego nuestras ropas mojadas. Una de las esposas de Bleda, que es la propietaria del villorrio, nos ha traído víveres y algunas mujeres para nuestros placeres amorosos, lo que para los hunos constituye un gran honor.

Hemos aceptado los alimentos, pero hemos renunciado a las mujeres, pues estábamos muertos de cansancio y el sueño nos abrumaba.

La tormenta ha cesado por la mañana. En cuanto el sol se ha levantado hemos ido a buscar nuestras tiendas y hemos podido recuperar, a costa de muchos esfuerzos, una parte de los bienes que la tempestad nos había arrebatado. Hemos pasado el día secando los objetos mojados. Luego hemos ido a agradecerle a la reina su hospitalidad. Le hemos ofrecido tres copas de plata, pieles teñidas de púrpura, pimienta, dátiles, todas ellas cosas que los bárbaros aprecian mucho, y puesto que las desconocen, todavía más.

Finalmente hemos podido oír hablar latín con otro acento que ese bárbaro que las gentes de por aquí no pierden nunca, ¡por mucho que haya durado su estancia en Roma! Desde hacía un tiempo observábamos una caravana que se dirigía hacia nosotros, y nos preguntábamos quién debía ser, cuando de pronto reconocimos a unos romanos. Respondieron con alegría a nuestros saludos, y nos dijeron que iban en embajada a hablar con Atila para arreglar el asunto de los vasos sagrados de Sirmio. Como ignorábamos de qué se trataba, nos han contado que cuando los hunos sitiaron Sirmio, el obispo, temiendo que dichos vasos cayeran en manos paganas que los habrían profanado, se entendió con un secretario de Atila, llamado Constancio, a quien los confió, estipulando que los utilizara para volver a comprarlos si los bárbaros le hacían prisionero, o para comprar la libertad de otros cautivos si él moría. El obispo, efectivamente, murió, y Constancio se guardó de emplear el depósito para comprar la libertad de algunos prisioneros. Entregó los vasos a un prestamista romano, y dilapidó el dinero que éste le entregó a cambio. Como no pudo rembolsarle en la fecha señalada, el usurero vendió entonces la prenda a un obispo de Italia, que la compró por un precio módico. Atila, al enterarse de estas transacciones, se consideró perjudicado, hizo ejecutar a Constancio y escribió a Valentiniano para reclamar esos vasos que, según decía, le pertenecían.

Aprendimos todo esto del conde Rómulo, que resultó ser el suegro de Orestes, el ministro huno. Tatullo, padre de Orestes, le acompaña, contento de tener la ocasión que se le ofrece de volver a ver a su hijo. Con ellos van dos oficiales, Promoto y Romano, y un escriba galo que Aecio envía a Atila como regalo.

Rómulo nos ha explicado que las intenciones de Atila en el asunto de Sirmio son inaceptables, que a falta de los vasos reclama la cabeza del usurero, pero que no obtendrá nada, ya que los vasos son objetos sagrados y el prestamista es inocente, ya que los había adquirido de buena fe.

Atila, por su lado, pretende que se ha producido un robo, y que esto vicia todos los derechos de los poseedores. Se teme que aproveche este incidente como pretexto para la guerra, y se espera que los padres de Orestes llegarán, por intermediación suya, a un acuerdo satisfactorio.

Los romanos se han mostrado muy contentos de habernos encontrado. Se han unido a nosotros, e iremos juntos hacia la capital de Atila.

¡Extraña capital! Es a decir verdad una ciudad de tiendas y carromatos, en el centro de la cual se levanta una especie de caserío rodeado de empalizadas.

El palacio del rey (si es que puede darse este nombre a una casa de madera) está situado sobre una elevación, en el centro de la población. Las casas de las esposas y de los guardias lo rodean. El edificio, visto de cerca, es curioso. Los muros están hechos de planchas hábilmente yuxtapuestas, y la techumbre se apoya en columnas de madera que forman una especie de galería. Todo bastante bien trabajado, y las esculturas, aunque sean de un diseño bárbaro, otorgan una cierta impresión de grandeza.

Se nos señala una morada: debe de ser la nuestra. Está situada cerca del palacio de Onegesio, uno de los principales jefes hunos.

Onegesio nos ha agasajado su casa. Construida en madera, como todas las de la región, contiene sin embargo unos baños de piedra y mármol que siguen el modelo de las termas romanas. Al comprobar nuestra sorpresa por encontrar algo tan extraordinario en la casa de un bárbaro, Onegesio nos ha explicado que el azar quiso que en su parte del botín de Sirmio figurara un arquitecto griego. Y como él mismo es griego y muy amante de las costumbres de limpieza de su nación, aprovechó la presencia de ese cautivo para hacer edificar unos baños, con una estufa y una piscina. Es una de las grandes curiosidades de la región, y todos los hunos hablan con admiración de esta rareza. En cuanto al arquitecto, deplora su infortunio, pues solamente él puede mantener su obra en condiciones, con lo que teme acabar sus días como bañero de Onegesio y de su familia.

Llevábamos ya unos días en la ciudad cuando se nos anunció la llegada de Atila. Fue una curiosa ceremonia a la que asistimos mezclados con una multitud de hunos que había salido de sus tiendas y carros para acoger al rey. Muchachas que llevaban, de dos en dos, telas blancas y finas que levantaban por encima de sus cabezas salieron a su encuentro. Bajo este palio, otras muchachas, en grupos de siete, caminaban cantando. Volvieron precediendo a Atila, a quien sus súbditos recibieron con gritos de alegría. Seguía sobre su caballo, y cuando llegó ante la casa de Onegesio la mujer del ministro salió y rogó al rey que aceptara algo de comida. Atila aceptó, lo que implica hacer un gran honor a estas gentes, y sin descender del caballo comió y bebió lo que habían dispuesto sobre una mesa de plata que unos hombres levantaron hasta la altura de su silla.

Por la noche nos invitaron a cenar a la casa de la mujer de Onegesio, que nos recibió con cortesía. Allí nos encontramos a todos los grandes personajes del país, y la comida fue excelente.

Al día siguiente, Onegesio, que volvía de viaje y a quien todavía no habíamos visto, nos rindió visita. No había podido asistir a la cena ofrecida por su mujer, ya que Atila le había retenido a su lado, para que le diera noticias de su hijo Ellak, que gobierna a los acatziros. La majestad del ministro, el aire de grandeza y de honradez que se desprende de su persona, nos causaron muy buena impresión. De todos modos, es sorprendente que un hombre civilizado haya abandonado su país para vivir entre los hunos. Éstos tienen muchos celos de la influencia que ejerce sobre el rey, pero reconocen en él a un jefe valiente y a un buen consejero, con lo que soportan, sin quejarse, su ascendiente.

Onegesio se ha entrevistado largamente con Maximino. Nuestro embajador le ha expuesto las razones por las que el emperador había pedido que se le escogiera como árbitro de todas las desavenencias que pudieran surgir entre los hunos y los romanos. El griego se mostró muy sorprendido por este proceder, que no comprendía en absoluto. Como ministro de Atila, decía, su deber era defender los intereses de su soberano, y el papel de árbitro no conviene a quien es por sí mismo parte en un proceso.

Como Maximino hizo entonces alusión a los honores y provechos que le valdría el reconocimiento del emperador, a Onegesio pareció herirle que se pudiera pensar de él que era capaz de traicionar a su señor. Esto lo dijo con bastante sequedad, y añadió que se había convertido en huno, que sus esposas y sus hijos eran hunos, y que ni los mayores honores le harían desatender jamás los intereses del soberano que le había dado su confianza.

Estas palabras nos decepcionaron un poco, ya que teníamos la esperanza de podernos ganar al griego para nuestra causa. ¿Quizá le dé miedo el simple hecho de hacerse sospechoso si nos muestra su simpatía? Todo esto es muy extraño, porque al fin y al cabo, ¿cómo puede un hombre que no pertenece a esa nación complacerse entre los bárbaros? ¿No se encontraría mejor en la corte de Constantinopla?

Sin embargo, el fenómeno es frecuente, y encontramos por entre los rostros mongoles muchos otros de rasgos germanos y latinos. A este respecto, ayer por la mañana tuve una aventura de lo más curiosa. Paseaba por el exterior del recinto del palacio de Onegesio, a quien acababa de remitir un regalo, cuando oí un *kairé* como saludo, pronunciado con el más puro acento griego. El hombre que me hablaba iba vestido como un notable huno, pero su tipo no era el asiático. Le expresé mi extrañeza, y él me explicó sonriendo que no era bárbaro de nacimiento, pero que tras establecerse como comerciante en Viminacium, lo habían capturado en la campaña de Mesia y lo habían entregado a Onegesio. Poniendo al mal tiempo buena cara, había servido honestamente a su maestro, le había acompañado a la guerra, y había conquistado el botín suficiente para poder, según la costumbre, comprar su libertad. Pero como llevaba tanto tiempo separado de su familia, y sabiendo que su comercio estaba arruinado, había renunciado a volver al hogar para quedarse en el país de los hunos, entre los que se encontraba muy bien. Este hombre me hizo el elogio más sorprendente de la vida libre, feliz, exenta de preocupaciones, que lleva ahora. Es, según dice, una vida natural, despojada de artificios, la vida sana del hombre al que no abruman las injusticias, las exacciones, los ultrajes de los grandes, los rigores del fisco, las demoras y la corrupción de los tribunales. Me hizo una descripción oscura de la sociedad civilizada, y exaltó su felicidad por haber escapado a su tiranía. No podía admitir sin protestar tamaña apología de la barbarie, así que le rogué que me escuchara pacientemente, y tuve ocasión de describirle el orden y la jerarquía que gobiernan en el Imperio romano, la sabiduría de las leyes y de las costumbres, los beneficios que obtienen sus súbditos. Le demostré que entre nosotros los mismos esclavos poseen derechos y medios para hacerlos respetar. Convencido por mis palabras, prorrumpió en llanto, y entonces pude comprobar cuánto, a pesar de lo que decía, echaba de menos su existencia anterior. Acabó reconociendo la excelencia de nuestras leyes y de nuestra república, pero seguía acusando todavía a los malos magistrados de aplicarlas mal, cuando un servidor de Onegesio vino a buscarme por encargo de su señor. Dejé a mi interlocutor, y no he vuelto a verlo [...]

Rusticio, que nos ha acompañado y que me ha servido de intérprete en las conversaciones con Orestes, acaba de ser nombrado agregado a los despachos del gobierno huno. Creo que podrá darnos informaciones útiles. Dos panonios, Constancio y Constanciolo, traídos por Rómulo, han sido destinados al mismo servicio. Es un buen asunto disponer de estas complicidades en el lugar. Por lo visto Atila ha tomado un gran afecto por este Constancio, en consideración hacia Aecio, que es quien se lo ha recomendado y a quien los hunos respetan muchísimo [...]

Acabamos de encontrar al embajador de Valentiniano paseándose junto a las empalizadas con sus dos oficiales. Como lo hemos interrogado sobre el resultado de sus negociaciones, nos ha respondido con aire grave que Atila seguía reclamando los vasos al usurero Silvano. Maximino le ha dicho entonces que eso era de una gran imprudencia, y que las pretensiones del rey eran excesivas. Rómulo ha añadido que temía la ambición de Atila, ya que sus éxitos habían acentuado su orgullo de una manera desordenada, y que le creía capaz de desencadenar sobre Europa la guerra más abominable.

—Los hunos —nos ha dicho— pretenden someternos e invadir Persia. Ya han descubierto un camino muy corto para llegar a Media, y les será fácil vencer a los persas.

Estas palabras nos han impresionado, pues Rómulo es un hombre sabio y con muchísima experiencia. Ha ponderado la valentía y la disciplina del ejército huno, el cual, según él, podría acabar con cualquier otro ejército. Uno de nosotros ha dicho entonces que estos proyectos no nos inquietaban, pues Atila, ocupado con los persas, no pensaría en atacar el Imperio.

—Os equivocáis —ha replicado Rómulo, muy serio—. Después de vencer a los persas volverá contra nosotros, y sólo Dios sabe lo que ocurrirá entonces [...]

He reflexionado largamente sobre lo que Rómulo nos ha dicho. Es un hombre de un entendimiento demasiado fiable y demasiado estricto como para que podamos ver en sus declaraciones una exageración.

Onegesio me ha hecho llamar. Esperaba de él palabras favorables, pero solamente me ha dicho que Atila no iba a admitir recibir a más embajadores de un rango subalterno. Ha nombrado a tres personajes consulares que serían los únicos permitidos, entre los que Teodosio debería escoger a su enviado. No he podido privarme de decirle que el favor de Atila no iba a ser para ellos una recomendación a la hora de dirigirse al gobierno de Constantinopla. Respondiendo a esto, Onegesio se ha contentado con responder que si lo rechazamos, las armas resolverían el conflicto.

Salía de su palacio, muy enojado, cuando me he encontrado a Tatullo, que venía a comunicarnos una invitación a la cena de esta misma noche. Acompañará a Rómulo, mientras que Maximino y yo representaremos al Imperio de Oriente.

No le concedo gran importancia a lo que se dice en los banquetes, pero estoy contento de poder observar más de cerca de Atila y su corte [...]

Habían dispuesto la mesa en una larga sala decorada con vigas talladas. Sobre un estrado vi a Atila, sentado sobre un banco cubierto de pieles y de tapices multicolores. Los hunos ya estaban a la mesa cuando llegamos. Ya en la entrada se nos dio una copa de vino que teníamos que beber saludando al rey. Tras haber cumplido con este ritual insólito ocupamos nuestros sitios a la izquierda de la mesa real. La derecha estaba ocupada por Onegesio y los hijos del rey. Maximino se quejó de que un simple jefe huno, llamado Berik, se sentara en un lugar más elevado que el nuestro, pero nadie tuvo en cuenta su reclamación. Ellak, hijo primogénito de Atila, también estaba sentado al lado de su padre, en actitud respetuosa, y por deferencia al rey no levantó los ojos en ningún momento de la velada.

Antes de la comida, Atila saludó uno por uno a todos los invitados notables, siguiendo el orden de escalafón, y bebió a la salud de cada uno una copa de vino. El invitado honrado de este modo respondía bebiendo a su vez. Después se sirvieron platos enormes cargados de viandas y de caza. La vajilla era de plata y de oro, pero sobre la mesa de Atila no había más que un plato de madera lleno de carne, y vino en una copa también de madera.

Cada comensal se sirvió a su antojo en el plato que tenía delante, pues la costumbre prohibía tocar los alimentos que se encontraban más lejos. Por este motivo no pude degustar todos los guisos que despertaban mi deseo. Se volvió a brindar siguiendo el ceremonial ya descrito, y luego se sirvió otro plato, y se volvió a beber por la salud de todos. Los asistentes, excitados por el vino, se interpelaban alegremente y se hacían mil bromas. Atila era el único que, en una actitud grave, no hablaba en absoluto.

Una vez acabada la comida se hizo entrar a dos poetas que cantaron los triunfos de los hunos del pasado y las victorias de Atila. Estos cantos entusiasmaron al auditorio. Algunos derramaban lágrimas, los viejos recordando el perdido vigor, los jóvenes pensando en la gloria que les esperaba. Otros hacían rechinar sus dientes y apretaban los puños. Cuando los poetas se hubieron alejado, vimos entrar un viejo guerrero que llevaba en sus brazos a un niño. Era Ernak, el más joven de los hijos de Atila. Fue acogido en un clamor jubiloso, y cada uno de los comensales lo acarició.

En cuanto el niño hubo recorrido de este modo las mesas, el guerrero lo colocó sobre el lecho de su padre. Vi entonces que una sonrisa iluminaba ese rostro duro y frío. Atila le dio unas palmaditas en la mejilla y lo apretó contra su pecho. Al darse cuenta de mi sorpresa, mi vecino de mesa me dijo que ese niño era el que, según las predicciones, perpetuaría a solas la raza real. Entonces me expliqué la ternura y el afecto orgulloso con el que su padre lo atendía.

Mientras los hunos estaban todavía emocionados por el entusiasmo guerrero que los poemas épicos habían despertado en ellos, aparecieron unos bufones, y la emoción del público se tornó entonces en una alegría pueril. La menor de las cabriolas, la gracia más inocente desencadenaba excesivas carcajadas, y la alegría se convirtió en delirio cuando el moro Cercón vino a hacer sus números. Este bufón, que habíamos traído con nosotros de Constantinopla, es célebre en Hunia. Su vida es de lo más tormentosa, y cuesta imaginar cuantas aventuras pasó. Capturado por los africanos, éstos lo habían dado a Aspar, el general romano, y los hunos se lo arrebataron. Como Atila no había querido verlo, se convirtió en un habitual de Bleda, que no quería separarse de él. Se lo llevaba a guerrear, y su mayor placer era hacerle caminar sobre las tablas cubierto con una armadura hecha a su medida y armado de una espada descomunal.

Nostálgico del vagabundeo, Cercón huyó un día a la tierra de los romanos. Pero Bleda le hizo buscar y lo devolvió a Hunia, y como el enano decía cómicamente que se había escapado para tomar esposa, se le hizo desposar a una sirvienta de la reina.

Tras la muerte de Bleda, Atila se desembarazó de él enviándolo a Aecio, quien a su vez lo devolvió a Aspar, que estaba desconsolado desde que lo había perdido. Pero Cercón volvió a huir, y tras muchas aventuras en Constantinopla dio con Edecón, que se lo llevó de vuelta.

Los hunos acogieron con alborozo a este hombrecillo deforme, jorobado, de pies torcidos y nariz chata, de aspecto estúpido. Respondía a sus bromas y en un discurso burlesco y lleno de palabras góticas y de citas latinas, reclamó a su mujer, lo que hizo reír hasta las lágrimas a toda la audiencia. El mismo Atila sonrió, lo que produjo un nuevo estrépito. Aproveché el tumulto para salir, ya que bebiendo había pasado ya la mitad de la noche, y fui a acostarme mientras que los hunos continuaban vaciando sus copas gritando y cantando.

Aunque nuestras negociaciones no avancen, por lo menos pasamos el tiempo agradablemente. Cada día se repiten los festines entre los grandes de la nación, los ministros, las reinas. Estos bárbaros son alegres comensales. A pesar de nuestras protestas nos obligan a beber mucho. De este modo, el otro día, en casa de la reina Kerka, enardecidos por el vino, nos dejamos ganar por su alegría y nos besamos efusivamente. El mismo Maximino había perdido toda su gravedad y apuraba una copa tras otra.

Al día siguiente manifestó algunos remordimientos y se quejó de los aplazamientos que Atila opone a todas nuestras demandas de audiencia. No consiente en recibirnos, ni tampoco nos deja partir. A veces comemos con él, pero cuando uno de nosotros intenta llevar la conversación hacia el objetivo de nuestra embajada nos mira con dureza, y no nos atrevemos a insistir. En cambio se diría que le da importancia a las cosas más fútiles. Insiste en casar ricamente a su secretario Constancio, y se muestra muy descontento de que la novia que Teodosio le había prometido se haya hecho raptar por un oficial. Constancio se contentaría con una viuda, siempre que tuviera mucho dinero, y el rey no deja de recordarle este asunto a Maximino, como si no tuviéramos otras preocupaciones. Rómulo arguye que tanto interés se debe a que tiene que compartir la dote con Constancio, y que se trata de una inoportunidad interesada. Es muy posible. Rómulo afirma que el mismo Atila lo ha dicho en alguna ocasión. La cuestión es que no habla más que de este asunto, y las cuestiones graves pasan a un segundo plano. Maximino muestra mucha impaciencia. Temo que abandone la ciudad a pesar de la prohibición del rey si éste persiste en ignorar el objetivo de nuestra embajada.

¿Qué significan estos aplazamientos, estas moratorias? Ya no vemos a Atila. Se habla del próximo regreso de Vigilas. Los hunos guardan silencio cuando les interrogamos. Maximino quiere hacer un último intento.

Atila no quiere recibirnos, pero por fin permite que partamos. Ha ordenado que a cada uno de nosotros se le entregaran regalos, pieles, joyas curiosamente trabajadas, hebillas de cinturón, broches en forma de caballo o de cabra. Todo en un estilo bastante bárbaro y de una inspiración grosera, sin más valor que el del metal. Se nos han entregado estos regalos con mil atenciones. Maximino ha recibido de Atila una carta de cortesía, pero será Berik, un ministro huno, quien le lleve a Teodosio la respuesta oficial de su maestro. Partirá al mismo tiempo que nosotros.

Hace ya varios días que dejamos la capital. Echamos en falta los festines de Atila. La carne asada y la leche de yegua son lo habitual. El camino es largo y el viaje monótono. Berik es mucho menos amable que Orestes o Edecón. Sólo abre la boca para renegar. Sus soldados se pelean sin cesar con los de nuestra escolta. Entonces grita, y nos insulta groseramente. A veces percibimos en los bordes del camino a hombres crucificados, colgados o empalados. Berik, con expresión aviesa, nos dice que son traidores, espías, desertores. Uno de esos desgraciados, atado a un poste, fue degollado en nuestra presencia. Como vio que nos extrañábamos por estos frecuentes suplicios, el huno dijo que la seguridad del rey exigía estos castigos. Y diciéndonos esto nos miraba de una manera extraña [...]

El azar ha hecho que en la frontera nos encontráramos con Vigilas, que vuelve a la ciudad de Atila. Como le hemos compadecido por tener que volver con esos bárbaros a los que con tanto placer dejamos atrás, nos ha dicho, con sonrisas llenas de segundas intenciones, que se le había encomendado una misión muy importante. El huno que le acompaña no le deja ni por un momento. Pero no pueden hablar, porque según dice Vigilas no comprende ni el latín ni el griego.

Al alba, Vigilas ha partido al galope con el huno Esla. Les hemos visto alejarse por la llanura. En pocos días estaremos en Constantinopla.

CAPÍTULO ONCE

El fracaso del complot

Mientras que Maximino esperaba, en vano, la audiencia de Atila, los oficiales hunos observaban atentamente todos los movimientos de los personajes que componían la embajada.

Ya desde el momento de su llegada, Edecón había hablado largamente con el rey, y después de su conversación se había hecho un relevo completo de todos los soldados de guardia alrededor del palacio. Maximino, Priscos, hasta el más nimio escriba, todos estaban sujetos a una discreta vigilancia.

Vigilas se había dado cuenta de esta desconfianza, y había palidecido cuando Atila le había interpelado en el transcurso de la primera recepción. A pesar de la tranquilidad de Edecón, que le aseguraba que nadie podía sospechar del complot, esta escena, que contrastaba con el carácter habitual de Atila, estas amenazas salvajes que el pretexto invocado no podía justificar, le parecían de mal agüero. Pero también se decía que si hubiese adivinado el proyecto de asesinato diseñado por Crisafio, habría hecho arrestar inmediatamente a toda la embajada, y que, por otra parte, la honorabilidad de Maximino inspiraba confianza.

Acabó de tranquilizarse cuando Atila le envió a Constantinopla para reclamar a los tránsfugas. Si se le encargaba esta misión quería decir que no era sospechoso, y esta feliz coincidencia iba a permitirle transportar en secreto la suma necesaria para sobornar a los cómplices, sin despertar la desconfianza de sus compañeros. Este viaje retardaba la ejecución del proyecto, pero también la hacía más segura y más fácil.

Crisafio le esperaba con impaciencia. Cada día creía ver llegar a un jinete anunciando la muerte de Atila, y censuró a Vigilas por su negligencia. Éste respondió que un plan tan audaz tenía que ser cuidadosamente estudiado, que cualquier precipitación podía comprometer el éxito de la empresa, pero que Edecón había mordido el anzuelo dorado que se le había echado, y que lo preparaba todo para el éxito del atentado. Tenía que asegurarse las amistades entre los guardias, escoger el día oportuno, permanecer entre los favoritos del rey para asestar el golpe en el momento preciso. Nada de todo esto tenía que dejarse al azar. Solamente pedía que se doblara la suma, por las complicidades que tenía que comprar. Pero pagar cien libras de oro por la cabeza de Atila realmente no era nada caro.

A pesar de su avaricia, Crisafio entregó el dinero, hasta tal punto tenía prisa en enterarse de la muerte de su enemigo. Ignoraba que Vigilas era uno de esos conspiradores infantiles que asegurarían, a falta de muerte natural, la inmortalidad de los soberanos, y que Edecón, desde el mismo día de su llegada, se lo había contado todo a Atila.

Los embajadores, durante las fiestas y las borracheras, no habían imaginado ni durante un solo instante que Atila jugaba con ellos como un verdadero asiático. Informado del proyecto de Crisafio, el rey había sospechado en un primer momento de Maximino y de Priscos como parte del complot. Los hunos más vigilantes no los habían perdido de vista. Se había estudiado cada una de sus palabras, cada gesto, pues si bien Edecón estaba informado por Vigilas de que todo el personal de la embajada, a excepción del mismo Vigilas, ignoraba la intriga, en esta misma información podía esconderse una nueva trampa que había que prevenir. Mientras se banqueteaban despreocupadamente, los enviados de Teodosio no sabían que un solo movimiento equívoco habría bastado para que todos fueran asesinados. Esta confianza que mostraban, en la que Atila creyó reconocer en un principio un refinamiento habilidoso, hizo que finalmente se mostrara convencido de su inocencia, y aunque por precaución rechazó recibirles, los regalos que les ofreció en su partida probaban que estaba convencido de su buena fe. Les compadecía por haberse hecho cómplices involuntarios de los asesinos, los trataba como a huéspedes distinguidos, pero esperaba la vuelta del asesino para castigarlos. Había retenido a los embajadores hasta que no quedó ninguna duda sobre su inocencia, y les apremió para que se fueran en cuanto se enteró del próximo regreso de Vigilas, para mostrar que los desligaba completamente del asesino, y que solamente éste sería castigado en cuanto confesara su intención criminal.

Mientras galopaba alegremente hacia la capital de Atila, con la bolsa de oro sujeta a la silla de su caballo, Vigilas se acordaba de las recomendaciones de Edecón. Había que atacar a Atila de noche, y luego decir a los guardias que el rey quería dormir hasta el día siguiente a mediodía, partir a toda prisa y volver a Constantinopla, en donde grandes honores esperaban a los asesinos para recompensar su celo. Todo el mundo latino bendeciría su nombre, y la civilización occidental a la que habrían salvado retendría para la posteridad el recuerdo de sus gestas. Arrullado por esos sueños de gloria, Vigilas ya veía su imagen acuñada en las monedas y oía las trompetas del triunfo. Sólo olvidaba un detalle: la perfidia huna de la que tanto se hablaba, y las astucias asiáticas de los bárbaros. Ni por un instante pensó que Edecón podía haber fingido aceptar su pacto para hacer fracasar la estratagema, o que incluso por miedo o remordimientos pudiera abandonar la partida y explicar el complot. Crisafio, de manera mucho más inteligente, había previsto todas las posibilidades. Si la aventura tenía éxito, le sacaría todo el provecho; si fracasaba, Vigilas lo pagaría con su cabeza, e incluso, ¿por qué no?, liquidaría también a Maximino, y a Priscos [...] Eso no tenía mayor importancia.

El gran eunuco no le ponía ningún precio a su apuesta: si Vigilas hablaba, él podría negarlo todo. Por otro lado, Vigilas parecía tan seguro de su éxito que incluso se llevaba con él a su hijo de unos veinte años, cuya vida con seguridad no habría arriesgado en una empresa peligrosa.

Atila, por su lado, se había alegrado del azar que ponía al alcance de su mano tanto a Crisafio como a Teodosio. Enseguida había visto en el gran eunuco portaespada al inspirador de la conjura, y ya se encargaría de hacérselo confesar a Vigilas, mediante la tortura si era necesario. El intérprete era una presa paupérrima para él. Como el destino le libraba el emperador y su ministro, un vulgar asesino no le preocupaba en absoluto: quería llegar hasta la cabeza del complot, y denunciar ante el mundo los procedimientos empleados por la corte de Constantinopla en las relaciones diplomáticas con el extranjero. Y si había enviado a Vigilas a Bizancio era para obtener la prueba material de sus sospechas, la confirmación de la complicidad de Crisafio.

Ignorante de la acogida que le esperaba, Vigilas quemaba las etapas para llegar cuanto antes a Etzelburgo. (Empleamos este nombre que, ciertamente, pertenece más a la leyenda que a la historia, en nuestra ignorancia de la situación exacta de la capital huna. Ante la discordia de los historiadores, que tan pronto la ubican en Buda como en Tokay, o tanto en Szöny como en Taszbereny, adoptamos el término empleado por el autor de *Nibelungenlied* para designar la «fortaleza de Atila».) Se había dado cuenta de que la guardia huna le rodeaba más estrechamente desde que habían traspasado la frontera, pero sin darse cuenta de que a los ojos de un transeúnte tenía más aspecto de prisionero que de embajador.

Llegaron una noche a las puertas de Etzelburgo. Vigilas vio que a la llamada de sus compañeros de viaje se levantaba una barrera en la empalizada de altos postes puntiagudos. Una vez dentro, algo sorprendido por esa recepción sin ningún aparato, siguió a Esla hacia una tienda. De pronto recordó la bolsa de oro que había dejado atada a su silla. Buscaba un pretexto para volver sobre sus pasos y llegarse a recogerla cuando, de golpe, cuatro hombres se lanzaron sobre él para atarlo de pies y manos con correas. Una multitud, atraída por sus gritos, le rodeó, y entre insultos y risotadas, le arrastraron hasta un calabozo subterráneo.

Por la mañana sacaron a Vigilas de su prisión y lo llevaron ante Atila. Temblaba de miedo, temiendo que se hubiera descubierto la conjura. El rey estaba rodeado por Orestes, Edecón y los principales ministros. Ante él, en el suelo, se encontraba la bolsa de oro. Mientras que el enviado de Constantinopla miraba con ojos implorantes a su cómplice, Atila, con voz socarrona, le preguntó qué pensaba hacer con una suma tan grande en un país pobre como el de los hunos. Vigilas había previsto una pregunta como aquélla. Respondió con aplomo que estaba destinada al rescate de los cautivos romanos.

—¿No había prohibido expresamente a los miembros de la embajada que compraran fuera lo que fuese? —preguntó Atila con suavidad.

El valor de Vigilas se iba restableciendo al comprobar que no se hablaba de conjura alguna. Más desenvuelto, respondió que esa prohibición se le había pasado por alto, pero que de cualquier modo no justificaba el arresto de un mensajero diplomático, ni la noche que le habían hecho pasar en una prisión sucia y húmeda. En cuanto pronunció estas palabras comprobó con sorpresa que todos los hunos se echaban a reír.

—Eso no es todo —dijo con indiferencia Atila. Y de pronto todos los rostros se volvieron graves—. ¿Para qué iba a servir este dinero? Crisafio es demasiado avaro para consagrar cien libras de oro al rescate de los prisioneros justo cuando el tesoro imperial está vacío. ¿Qué querías, pues? ¿Caballos?

—¡Sí, eso es! —confesó Vigilas—. Quería comprar caballos.

—¡Caballos por cien libras de oro! ¿Qué querías, una yeguada?

—Pero Vigilas, apurado, no respondió—. ¡Habla! —le dijo secamente Atila, que de pronto había abandonado su tono irónico para mirarle con dureza—. ¿Qué querías comprar en mi país? ¿Has perdido la memoria? ¿Quieres que te ayude? ¿Ganado? ¿Joyas? ¿Pieles? No poseemos más que eso... ¿Qué si no? ¿Cómplices, tal vez?

Vigilas no dijo nada, pero vio los ojos de Atila, y supo que había descubierto la conjura. Con rabia, tendió el puño hacia Edecón y gritó palabras confusas, diciendo que era mentira, y que no estaba permitido tratar de ese modo a un embajador. Nadie le interrumpió. Cuando se calló, el rey retomó sus preguntas:

—¿Fuiste tú quien tuvo la idea? ¿De quién fue?

Vigilas, que en ese momento se veía perdido, callaba. Atila, después de interrogarlo por tercera vez sin obtener resultados dijo:

—No quieres decírnoslo, ¿verdad? Peor para ti... Tu hijo nos lo dirá...

Y a un signo del rey hicieron entrar al joven. A todas las preguntas el hijo de Vigilas respondía «No sé nada», y probablemente fuera cierto.

—Puesto que no sabes nada, tu presencia aquí es inútil —dijo Atila—. Vamos a matarte.

Y mientras que un soldado echaba al joven de rodillas sobre el suelo, el otro levantó por encima de su cabeza una espada. Vigilas lanzó un grito y balbuceando, sollozando, juró que su hijo era inocente, que no sabía nada del complot, que todo era idea del propio Vigilas...

—Eso no es cierto —dijo Atila—, eres demasiado estúpido para eso. No eres más que un torpe instrumento. ¿Qué mano te ha empujado?

Y como la espada rozaba la nuca de su hijo, Vigilas gritó:

—¡Crisafio!

Y se desmayó.

—Lo sabía —respondió simplemente el rey.

—¿Qué vais a hacer de mí? —preguntó el desdichado intérprete cuando, volviendo en sí, se reencontró en su calabozo subterráneo.

El huno que le vigilaba no respondió, pero un instante después Esla vino a tranquilizarle. Atila, le dijo, era demasiado grande como para encarnizarse en presas menores. Perseguía a una pieza mayor, y en esta caza la personalidad ínfima del intérprete pasaba desapercibida. No iban a matarle, pero seguiría allí prisionero hasta que el asunto se aclarara. Necesitaban su testimonio. Su hijo había quedado en libertad, y estaba a punto de volver a Constantinopla con Orestes, a quien Atila enviaba en embajada a Teodosio.

Mientras Vigilas maldecía en su calabozo la ambición que le había empujado a estas aventuras, Crisafio se irritaba por no recibir la noticia tan impacientemente esperada. Un día se anunció por fin la llegada de una embajada huna cuyo paso se había señalado en la frontera. «Vienen a ofrecernos su sumisión —pensó Crisafio—. Atila era el alma de su nación. Con él muerto, todo su edificio político se desploma.» Sin embargo, le sorprendía que Vigilas no hubiese precedido la llegada de tal embajada. ¿Acaso el desgraciado había pagado con su vida el acto de valentía que libraba al universo del monstruo asiático? «Tanto mejor —pensó Crisafio—, así no tendremos que recompensarle.» En cuanto a Edecón, sin duda venía a que le pagaran. «Ha recibido ya cien libras de oro. Es suficiente.» Teodosio, si el eunuco se proponía, consentiría en darle un título honorífico y un grado en el ejército, pero en lugar de paga le procuraría la dote de una mujer rica.

Impaciente por conocer los detalles del asesinato, Crisafio corrió a la delantera de la comitiva para interrogar a Edecón. Pero cuando en lugar del huno reconoció a Orestes el panonio, pensó que quizá se había alegrado demasiado pronto. En respuesta a su cordial saludo, Orestes volvió la cabeza y por mediación de un secretario le hizo saber que traía una carta de Atila destinada a su señor, y que quería entregársela cuanto antes, pero a Teodosio en persona. Crisafio intentó localizar desde allá a Vigilas entre la escolta del embajador, pero sólo percibió a su hijo rodeado de soldados.

Orestes puso pie en tierra ante el palacio. Exigía ver al emperador inmediatamente. Crisafio le condujo hasta la sala de audiencias, en donde Teodosio, rodeado de sus ministros y de su corte, se disponía a felicitar al asesino de Atila.

La gravedad llena de desprecio de Orestes, que le saludó con una simple inclinación, lo mismo que el aire decepcionado de Crisafio, contuvieron las fórmulas de bienvenida.

El embajador sacó de su manga una carta que entregó al emperador.

Decía aproximadamente lo siguiente: «Tu portaespada es un asesino de la peor ralea. Quiero que me envíes su cabeza sin más demora. De otro modo, seré yo mismo quien venga a buscarla.» Al ver que el emperador hacía un gesto de indignación, Orestes dijo que el rey poseía todas las pruebas de la conjura, y que reclamaba el castigo del hombre que lo había urdido. Crisafio, pálido, a punto de desvanecerse, se apoyaba en el hombro de uno de sus familiares. La consternación hizo que todos los asistentes enmudecieran.

Orestes recordaba con qué arrogancia esa corte, aterrorizada en esos momentos, le había despedido cuando esperaba desembarazarse de Atila mediante un crimen. Teodosio, confuso, asustado, desesperado, ofrecía todas las satisfacciones que según pensaba podrían apaciguar la cólera de Atila, tanto personajes consulares como embajadores, y la margen derecha del Danubio, pero no podía resolverse a prescindir de Crisafio. El pueblo detestaba a ese portaespada, pero sus protegidos ocupaban todas las funciones del Estado, y era el único que conocía el punto en que estaban todos los asuntos. En cuanto lo apartaban de sus libros, Teodosio perdía la cabeza. Con gusto habría entregado a su ministro, si hubiera sabido cómo remplazarlo. ¡Ah, si hubiese podido disponer de un hombre como Aecio se habría desembarazado gustosamente de los eunucos! Pero nadie podía secundarlo en el gobierno, o por decirlo mejor: nadie podía gobernar en su lugar, mientras él se ocupaba de dibujar bellos caracteres sobre un pergamino. Entregar a Crisafio implicaba atraer el desorden, ¡incluso la revolución, quizá...! Su madre, que hasta hacía muy poco le servía de guía, era en ese momento demasiado mayor para ayudarle. A cambio de la cabeza que se le exigía, Teodosio proponía todos sus tesoros, su palacio, sus concubinas... Y Orestes lo rechazaba con desprecio. Su señor sólo quería una cosa: el castigo de Crisafio. Éste había actuado como un vulgar criminal, y tenía que ser castigado. Se trataba de una cuestión de pura justicia. Y el germano miraba asqueado a ese emperador enloquecido, a esos eunucos temblorosos, a esos hombres de Estado que preparaban atentados y eran incapaces de llevarlos a cabo.

Sentada muy derecha sobre su trono, la anciana Placidia asentía con la cabeza dignamente y no comprendía nada de lo que ocurría.

Con gesto de desprecio, Orestes interrumpió las lamentaciones del emperador. Lanzó ante el trono la bolsa en la que Vigilas había transportado el salario de su crimen y se retiró, dejando a Teodosio el mensaje de Atila.

Unos días más tarde, Vigilas volvía a Constantinopla. Los hunos le habían considerado tan insignificante que le soltaron a cambio de un nimio rescate. Traía una carta en la que se volvía a reclamar la cabeza de Crisafio. La cólera del emperador estalló. Vigilas fue acusado de traición, se le imputaron todas las faltas de la corte, se pretendía que su torpeza había hecho fracasar la conjura. Le encarcelaron, y apenas pudo conservar sobre sus hombros esa cabeza que los hunos le habían perdonado.

CAPÍTULO DOCE

Preparativos

Tras estas negociaciones en el curso de las cuales el emperador de Oriente había puesto en evidencia su perfidia y su debilidad, Atila juzgó que había llegado el momento de poner en práctica sus proyectos. Le parecía que nunca se había presentado una ocasión tan favorable para aplastar a un Imperio romano debilitado por las invasiones de los bárbaros y las disensiones interiores. Cada día, los correos traían al huno el anuncio de una nueva revuelta. Las infiltraciones de suevos, alanos y vándalos amenazaban con inundar el territorio latino. Los visigodos habían conseguido adueñarse de toda Aquitania.

Sangiban, un auxiliar que no era muy de fiar, jefe de un regimiento de alanos, ocupaba las márgenes del Loira, y los bagaudas multiplicaban los desórdenes en los campos galos.

La Némesis que hasta entonces trataba con indulgencia la obra de Roma, parecía apartar la vista de ella para abandonarla a la cólera de sus enemigos. La opresión que las legiones habían hecho pesar sobre el mundo se había hecho insoportable, y los pueblos vasallos aspiraban a reconquistar la independencia de la que habían sido privados desde varios siglos atrás. El armazón interior del Imperio se reducía a polvo. La situación económica de las ciudades y de los campos era desastrosa. A pesar de la terrible represión de Aecio, los bagaudas pugnaban por liberarse del yugo de Roma y reivindicaban los derechos de su raza. Los francos, que constituían casi los últimos aliados seguros, acababan de ser vencidos por los burgundios, que los habían expulsado al sur del Mosa.

Valentiniano III presentía con terror el derrumbamiento del Imperio. Los contingentes bárbaros que dependían de su sueldo se quejaban de lo mal pagados que estaban, y sabía que en caso de guerra era imposible contar con su apoyo.

Cada día los presagios siniestros sembraban el pánico entre la población. Los cometas atravesaban el cielo con estelas deslumbrantes, las lágrimas corrían sobre el rostro de las estatuas, y a veces se escuchaba en las iglesias desiertas una voz sobrenatural que gemía. Se oyeron violentos truenos en un cielo azul, ruido de armas entrechocando en las nubes. La tierra tembló, los espectros de los emperadores anteriores se aparecían en los lugares sagrados, y un día una lluvia de sangre inundó la ciudad. El pueblo imploraba a los santos y en su desconcierto, en su deseo de no olvidar ninguno de los apoyos posibles, se vio salir de sus antiguos escondites a las estatuas de los lares, y las viejas fórmulas de propiciación se mezclaron con las letanías. No se sabía exactamente qué peligro amenazaba al Imperio, pero se calculaba su importancia en el número de presagios y en lo temible de su significado. La inquietud de los romanos se convirtió en enloquecimiento cuando se conoció, a pesar del cuidado que se había puesto en no difundirla, la predicción que había recibido Servasio, obispo de Tongres, cuando había acudido a rezar sobre la tumba de san Pedro, un anuncio estremecedor en su laconismo y en su oscuridad. Se hablaba de las más temibles calamidades, y naturalmente el nombre de los hunos se repetía como tema trágico en los pronósticos amedrentados.

Atila, por su lado, consultaba a los poderes sobrenaturales. Por tolerancia o por superstición se había rodeado de adivinos, y como no tenía ninguna creencia religiosa y no practicaba ningún culto en particular, escuchaba con la misma predisposición a los magos de Persia como a los chamanes siberianos que invocan a los muertos tocando el tambor. En el palacio de madera en el que amontonaba las imágenes divinas de los pueblos sobre los que reinaba se oía un alboroto ensordecedor. Los hechiceros tibetanos danzaban agitando sus molinillos, los sacerdotes de Capadocia se flagelaban para satisfacer a sus dioses, chinos con el cráneo rasurado lanzaban agudos maullidos. Se sacrificaban todo tipo de animales. Se leía el porvenir en la espuma del agua hirviendo, en las entrañas de los pollos, en los dibujos trazados por palos que se dejaban caer, o por runas trabajadas en omóplatos de cordero, o en la danza de los humos fragantes... Los gemidos del éxtasis, los gritos roncos de los conjuros, las fatídicas llamadas a los espectros, el sonido de las flautas, de los platillos, de los tam-tams, se fundían en un estruendo profético que los hunos escuchaban sin confianza, pero sin ironía, con la seguridad de que existían poderes superiores pero en la ignorancia de sus nombres, de sus moradas y de los medios eficaces para hacerlos propicios a sus empresas.

De pronto se hizo el silencio, y las voces de los sacerdotes declararon en todos los idiomas del mundo que Atila sería el vencedor de sus enemigos y conquistaría el universo en su totalidad.

El rey conocía demasiado bien la debilidad de los hombres y la docilidad de los dioses cuando habitan la corte de un monarca, así que no le daba demasiada importancia a esta predicción. Supersticioso, como todos los grandes hombres que no temen más que a los adversarios desconocidos del más allá, no consultaba a los hechiceros para obedecer a sus oráculos, sino simplemente para otorgar a su propia confianza el apoyo exterior de un consejo divino en el que no creía si iba en contra de sus propios deseos, pero mediante el que los confirmaba si los favorecía. Los magos lo sabían, y ninguno de ellos se habría atrevido a ambicionar un poder sobrenatural sobre el rey. Como la religión de Atila era el poder y la acción, su única función consistía en mantener el optimismo necesario para su culto. Una opinión desfavorable de los dioses no habría evitado en absoluto la expedición proyectada, pero habría introducido un elemento de desarmonía y de inquietud que habría podido, si las circunstancias se hubiesen mostrado desfavorables, agravar las dificultades materiales. Del mismo modo, los hechiceros evitaban mostrar opiniones contradictorias que podrían haber resultado en su expulsión, ya que más que escoger entre presagios opuestos, Atila, enemigo de cualquier indecisión, y no creyente en nada que no fuera su destino, los habría puesto de acuerdo burlándose de todos ellos, imparcialmente.

Por tanto, no era sorprendente ver a los dioses más diversos aportar en estas consultas una extraña unanimidad. Atila sabía a qué se debía, pero como todos los supersticiosos no osaba ni aceptar ni rechazar, y se contentaba con registrar como un testimonio favorable la adhesión sobrenatural que se le proporcionaba.

Por otra parte, se daban otras razones para creer que había llegado el momento. La tentativa de asesinato preparada por Crisafio mostraba que el Imperio de Oriente, acorralado, sólo tenía la esperanza de acabar con él mediante un crimen. La torpeza del gran eunuco, normalmente más prudente y sutil, había sido tan grande que revelaba en la política bizantina un desvarío que sólo podía constituir el mejor de los augurios. Por otra parte, las minas que había dispuesto a través del Imperio de Occidente estaban listas para hacer explosión. En el curso de un reciente viaje a Hunia, Eudoxio, el médico marsellés que era uno de los principales líderes del nacionalismo galo, le había asegurado que las circunstancias eran favorables y que si Atila consentía en ayudarlo, él se encargaría de barrer a los romanos. Poco tiempo después un joven príncipe franco acudió al rey para pedirle su apoyo en la reconquista del reino del que había sido desposeído. Su hermano, ayudado por Roma y adoptado por Aecio, le había expulsado del trono y reinaba en su lugar. Pero entre la población había muchos descontentos que se indignaban al verse gobernados por un usurpador al que defendían los soldados romanos. En este sentido, la insurrección estaba lista, y si Atila quería entrar en Galia, no tardaría en encontrar amigos y aliados.

Acababa de llegar otra demanda de alianza, todavía más importante. Genserico, inquieto por las consecuencias que una discrepancia con los visigodos podía tener para el reino de los vándalos, quería saber si los hunos aceptarían avanzar junto a él ya fuese contra Teodorico o ya fuese contra Valentiniano. Genserico no era ningún gran político. Primero había buscado la alianza de los visigodos casando a su hijo Hunerico con la hija de Teodorico. Desgraciadamente, el príncipe vándalo, con razón o sin ella, se había quejado de la conducta de su mujer, y la había pegado para luego devolverla, desfigurada, a su padre, cuya venganza temía en esos momentos.

Conocedor de la fuerza del reino africano, de la calidad de sus soldados y de su flota, así como de la aportación que podrían representar para la maniobra de los hunos, atacando simultáneamente a los romanos sobre sus costas mal defendidas, Atila recibió amablemente a los embajadores vándalos y aceptó sus proposiciones.

Tras un reconocimiento por Hunia, constató la buena disposición de sus tropas, su disciplina y su espíritu guerrero. Nuevos contingentes acabados de llegar de Asia constituían el refuerzo necesario para la segunda oleada invasora. Todo estaba dispuesto para el ataque, pero seguía dudando a la hora de escoger al adversario: Roma o Constantinopla. Y se preguntaba también en qué frente había que asestar el primer golpe.

Había dónde escoger. En Oriente no le habían concedido el castigo de Crisafio, a quien seguía reclamando. Por este frente ya tenía un *casus belli* a emplear en cualquier circunstancia. Por otro lado, las ocasiones de disensión con Roma no faltaban, y el desposeimiento del príncipe franco, su huésped y amigo, le proporcionaría el pretexto para intervenir.

Sus vasallos estaban dispuestos a marchar contra los adversarios que escogiera. Eslavos, germanos y galos no esperaban más que la orden de tomar las armas.

En Roma y Constantinopla, esta incertidumbre trastornaba todas las previsiones de los ministros. Se sabía por los informes de los espías que el ejército huno recibía sin cesar nuevos refuerzos y que hacía preparativos con vistas a una larga campaña. La unión germano-eslavo-asiática, por fin realizada, parecía una enorme ola, inmóvil de momento, pero dispuesta a abatirse irremisiblemente sobre el obstáculo indicado. Los diplomáticos europeos, en la creencia de que la federación panhuna era irrealizable, no se habían tomado en serio los esfuerzos de Atila, pero en vista de la realidad de esos momentos era forzoso que se convencieran de que el inmenso ejército acampado en las márgenes del Danubio no era más que la vanguardia de una horda cuyos últimos regimientos estaban acabando de equiparse en la tundra siberiana, en las estepas de Asia central y en la frontera china. El día en que toda esta multitud mongola se pusiese en movimiento, nada podría detenerla.

El terror de las cancillerías se desbocó cuando, aquel mismo día, dos jinetes llevaron a Teodosio y a Valentiniano el mismo mensaje, autoritario y breve: «Mi señor, que es también el vuestro, os hace decir que le preparéis el palacio.»

Poco tiempo antes, habrían acogido con carcajadas una orden así de brutal, y se habrían burlado de la presunción y de la arrogancia de ese bárbaro que pronto se veía durmiendo en el lecho de los césares. Pero ahora, conscientes de la terrible amenaza que representaba la nación huna, unificada y sostenida por sus vasallos, y confirmada además por todo tipo de presagios, no se atrevieron a tratar la orden de Atila como una simple fanfarronada. Al consultar a Aecio, éste dijo que la situación era grave y que era necesario estar preparado para cualquier eventualidad. Tanto Valentiniano en Roma como Teodosio en Bizancio quizás habrían consentido todas las humillaciones, pero junto a uno se hallaba Aecio, que tenía la esperanza de librar a Europa de los hunos, y junto al otro Crisafio, que conocía el castigo que le reservaba Atila y que bajo ningún concepto quería convertirse en la prenda de la reconciliación.

Roma disponía todavía de algunos aliados: algunos francos, sármatas, armoricanos, lutecianos, sajones, burgundios, alanos... Eran aliados indecisos, agitados por deseos de independencia, en gran parte dispuestos a ceder y a traicionar, y no constituían para Aecio ningún apoyo seguro, aunque suficiente para hacer dudar a Atila de la fuerza real del ejército romano. Sabía que todos esos pueblos odiaban a Roma y esperaban el momento propicio para levantarse y afirmar su independencia, pero no tenía la seguridad de poder contar con ellos, y tampoco le gustaba lanzarse a la aventura: todas esas naciones se dividían en dos partidos, uno nacionalista, autonomista, enemigo de Roma, y el otro partidario del opresor por la costumbre o por el dinero. Todo dependía del partido que tomara el poder y de su pronunciamiento bien por los hunos o bien por los romanos.

Un nuevo acontecimiento iba a decidir a Atila a volverse primero hacia el Imperio de Oriente. El 28 de julio de 450, tras una caída del caballo, Teodosio murió, y aunque en vida no había sido más que un emperador mediocre, el desorden aumentó en la corte de Constantinopla en cuanto se conoció su muerte. Sus protegidos perdieron todo el poder. Crisafio, a quien el pueblo detestaba, fue reconocido cuando atravesaba la ciudad y lapidado. Todos los asuntos de Estado se detuvieron, e incluso se olvidó pagar el tributo a los hunos. Atila sabía que, una vez muerto Crisafio, el gobierno sería incapaz de poner orden en las finanzas, y aprovechó para reclamar enseguida a los bizantinos un impuesto que según pensaba no estarían en condiciones de pagar. Pero recibió una respuesta que le sorprendió. El sucesor de Teodosio le informaba de que él no le debía nada, y que a partir de ese momento respondería a sus pretensiones no con oro, sino con hierro.

Ese tono tan novedoso en la diplomacia bizantina expresaba muy bien el carácter del nuevo emperador. Su nombre era Marciano, un soldado panonio enérgico y resuelto, y aunque en su orgullosa respuesta al huno había olvidado que si bien el Imperio no poseía demasiado oro, todavía disponía de menos hierro que oponer a sus enemigos, su mensaje tuvo como consecuencia cambiar las intenciones de Atila. Ya fuera porque éste creyó fundada la amenaza de Marciano o porque siempre había sentido hacia los hombres de carácter un respeto mezclado con temor, dudó en combatirlo. Sabía que un pequeño ejército a las órdenes de un general intrépido siempre es más temible que una multitud sin jefe. No otorgaba valor más que a los individuos, y si hasta ahora sólo había encontrado a uno, Aecio, que mereciera su estima, no podía evitar reconocer en Marciano, dados los términos de su respuesta, a un soldado. Y no quería malgastar sus fuerzas y a sus hombres inútilmente. Roma y Bizancio no eran para él más que las primeras etapas de la conquista, y prefería apoderarse de ellas sin combate antes que correr los riesgos de la guerra.

Aunque en el desafío del nuevo emperador había mucho de imprudencia y de presunción, sin embargo bastó para transformar la naturaleza de las relaciones entre Bizancio y los hunos. Acostumbrado a la docilidad servil, hipócrita y pérfida de Teodosio y de sus eunucos, Atila había utilizado la intimidación como un medio de discusión que no admitía réplica alguna. Pero como un general había sucedido al calígrafo, y como una corte militar remplazaba a la caterva corrupta de los intrigantes, la situación cambiaba de pronto, y aunque sabía que el Imperio de Oriente sería incapaz de llevar a cabo una guerra prolongada, no quería pagar demasiado cara una victoria agotadora y quizá sin futuro. No ignoraba todo lo que de «bluf», como se diría más tarde, podía tener la respuesta de Marciano, pero esta actitud, por poco sustentada en los hechos que estuviera, bastaba para impresionarle.

Fue entonces cuando, modificando bruscamente sus proyectos y con la decisión de volverse contra Roma, Atila sacó del cofre en el que lo había guardado el anillo de Honoria.

Normalmente, conviene que un hombre solicitado amorosamente por una mujer responda con más premura a su deseo, y el prolongado plazo que se había tomado Atila para agradecerle su regalo era todavía más sorprendente si, como pretendía de golpe, estaba realmente enamorado de Honoria y deseaba desposarla. Pasando por alto los quince años que habían pasado desde la oferta de matrimonio que había quedado sin respuesta, Atila escribió a Valentiniano III para lamentar el secuestro que sufría su novia y para reclamar que se la enviaran cuanto antes. Quería que la boda se celebrara en el más breve plazo, e invitaba al emperador y a toda su familia a honrarles con su augusta presencia. Añadía a pie de carta que contaba con recibir, al mismo tiempo, la dote de su mujer y los bienes que le correspondían sobre la sucesión de su padre, es decir, la mitad del Imperio.

Tras el escándalo de su carta a Atila, habían vigilado estrechamente a Honoria, pero ésta, decidida a cubrir de vergüenza a su familia, había logrado que un oficial acudiera a raptarla. Tras esta fuga había dado libre curso a sus deseos amorosos, y sus aventuras eran la comidilla de la corte. Finalmente se había comprometido de una manera tan indecente que su hermano no había querido seguir ignorando el escándalo y la había encerrado en un convento de Ravena, desde el que no dejaba de apelar al socorro de sus innumerables amantes, y sobre todo al de ese rey bárbaro al que seguía amando.

¿Habrían llegado sus quejas a oídos de Atila? Y éste, ¿acaso no revelaba un comportamiento caballeresco insospechado en él, que le convertía en un precursor de Amadís y de Don Quijote? ¿Declararía la guerra a Roma simplemente por liberar a una princesa cautiva a la que jamás había visto y de la que no se había preocupado en el transcurso de quince años? ¿Iba a perturbar al mundo entero por la cara bonita (que también podía ser fea) de una mujer cuya conducta impropia había sido tan notoria?

Atila poseía más de trescientas mujeres que pertenecían a todas las razas de Europa y Asia. Una más o una menos le importaba muy poco. Pero estaba el asunto de la dote, y no iba a acusarse a Atila de querer llevar a cabo una vulgar «boda por dinero», cuando Honoria esperaba recibir la mitad del Imperio.

El mensajero que le entregó la carta a Valentiniano le mostró, a la vez, el anillo. El emperador no podía fingir que no lo reconocía. Además, la historia se había difundido a pesar de los esfuerzos de la familia por ocultarla. Todo el mundo sabía que la hermana de Valentiniano se había ofrecido a Atila. Y éste, tal vez, por una vanidad masculina comprensible, también se había mostrado poco discreto, y se había vanagloriado demasiado a menudo de su buena fortuna.

Viniendo de cualquier otra persona, esta carta les habría parecido a los romanos una broma de mal gusto. Valentiniano, en principio, se resistió a tomarla en serio, pero Aecio, que conocía a Atila, le sacó del error. Leyó varias veces el mensaje, asintiendo y con aire preocupado, y como el emperador lo miraba con inquietud, acabó diciendo que era un asunto muy grave, y que ese diablo de hombre tenía siempre una salida.

Valentiniano se puso furioso, y gritó que su hermana, fuera cual fuese su conducta y el oprobio que sobre ellos había echado, nunca sería la mujer de Atila, que el descaro de ese mongol era intolerable y que él había decidido no aguantarlo por más tiempo. Aecio le respondió que en este caso Atila se había colocado sobre un terreno jurídico, y que sus reivindicaciones, por monstruosas que parecieran, no estaban desprovistas de sentido. Al oír estas palabras, Valentiniano pasó bruscamente de la cólera a la desesperación, y preguntó qué se podía hacer.

Tras haber reflexionado un momento, Aecio dijo que en su opinión el mejor medio de impedir esta boda era casar enseguida a Honoria con quien fuera, e invocar este hecho y las costumbres romanas, que no admitían la poliandria, para rechazar con cortesía, pero también con firmeza, las pretensiones del rey huno. Valentiniano aceptó esta estratagema.

A toda prisa, sin darle ocasión a que supiera qué estaba ocurriendo, sacaron a Honoria del convento, la llevaron a la corte y la casaron con un gentilhombre complaciente, Flavio Casio Herculano. Una vez acabada la ceremonia, Valentiniano ya pudo escribir a Atila sin mentirle, explicándole que sentía mucho no poder satisfacer su demanda de unión que habría constituido un honor y una alegría para Roma, etcétera... Desgraciadamente, su hermana ya había escogido a otro hombre como esposo... Lo que demostraba la falsedad de los rumores que corrían sobre su pretendido secuestro.

Por consejo de Aecio, Valentiniano añadió que las leyes romanas no consideraban el Imperio como patrimonio del soberano y de su familia, y que por consiguiente Honoria no tenía ningún derecho sobre la menor de las parcelas del territorio.

Después esperaron, no sin cierta angustia, el resultado de la lectura de esta carta. El mismo Aecio temía la cólera de Atila en cuanto viese que su artimaña había sido desarmada. Dispuso refuerzos para los regimientos de la frontera y mejoras en las fortificaciones de las márgenes del Danubio.

La respuesta llegó unos cuantos días más tarde. Parecía extrañamente amable y bienintencionada. Atila se declaraba desolado por ese inconveniente que le impedía convertirse en cuñado de Valentiniano, a quien tanto amaba. Las razones que se invocaban, desgraciadamente, eran justísimas, y solamente se lo reprochaba a sí mismo, pues las preocupaciones del reino le habían impedido responder inmediatamente a la halagadora proposición de Honoria, con lo que había llegado tarde. Pero, según seguía diciendo, las buenas relaciones entre Roma y los hunos seguirían inalteradas, y por su parte siempre estimaría al emperador como a un hermano.

Valentiniano estuvo encantado de una tan buena disposición, y le mostró la carta a Aecio, diciendo:

—Así es como hay que tratar a esas gentes.

Aecio no parecía compartir su entusiasmo. El emperador pensaba que era a causa del despecho y del rencor. Se atribuía la idea del matrimonio, y juzgaba que el general estaba celoso de su éxito y de su ingenio. No ocultó su amargura, y Aecio le explicó entonces que Atila amenazante era algo de temer, pero que todavía lo era más cuando escribía cartas amables.

Y como para confirmar sus palabras, Aecio aceleró enérgicamente sus preparativos sobre el Danubio, mientras que Valentiniano, irónico, ridiculizaba sus temores y presumía de haber reducido al silencio al tan temido huno. Los acontecimientos parecían darle la razón. Algunos días más tarde llegó una nueva carta a Ravena. Atila renovaba sus manifestaciones de amistad, y rogaba al emperador que no se ofendiera si uno de esos días veía a tropas hunas penetrar en Galia para capturar a los desertores que se habían refugiado entre los visigodos. Esperaba que éstos no opusieran resistencia y que no se viera obligado a emplear la fuerza. Pero en cualquier circunstancia, el emperador no tenía que mostrar resentimiento por esta actuación, dirigida solamente contra los visigodos, sin que afectara en ningún caso a los romanos.

Esta nueva prueba de deferencia y cortesía encantó a Valentiniano. Su placer duró poco, de todos modos, ya que a la semana siguiente un mensajero de Teodorico le facilitaba una carta escrita por Atila al rey de los visigodos en parecidos términos. La única diferencia era que Atila contaba con la neutralidad de la corte de Toulouse en el debate que iba a oponer a hunos y romanos y que en ningún caso, decía, iba a modificar la paz y la seguridad de los visigodos.

Aecio no tuvo que esforzarse en demostrar al emperador la duplicidad de Atila, demostrada por estos mensajes contradictorios, ni en aconsejarle que se asegurara cuanto antes la alianza de los visigodos. Los dos soberanos engañados por el huno compararon las cartas que habían recibido y constataron que Atila, mediante una hábil maniobra, quería dividirlos para aplastarlos más fácilmente.

Teodorico tuvo un gran disgusto al verse implicado en una guerra contra los hunos en el momento mismo en que la tensión entre visigodos y vándalos hacía temer un desembarco de Genserico en el sur de Galia.

Ignoraba el tratado de alianza establecido entre éste y Atila, y que la invasión vándala en las costas del Imperio iba a tener lugar al mismo tiempo que la de los hunos en la frontera. Sin embargo, no se atrevió a rechazar el acuerdo que le proponía Valentiniano y se comprometió a marchar junto a él si los hunos atacaban el Imperio, aunque en realidad tuviera decidido no moverse y esperar el resultado de las operaciones. De manera muy realista, presentía que de otro modo sería el único en pagar los gastos de la guerra, y que según su costumbre Roma dejaría asesinar a sus auxiliares evitando llevar al frente de batalla a sus propios soldados.

Durante todo este tiempo el ejército huno hacía sus últimos preparativos. Atila había llamado junto a él a sus principales aliados: Ardarico, rey de los gépidas, y Teodomiro, rey de los ostrogodos a quien había confiado importantes misiones. En Roma la guerra se juzgaba inevitable. Aecio estimulaba el celo de los contingentes bárbaros, pagaba los sueldos atrasados, recibía juramentos, fortificaba las ciudades y las cabezas de puente. Los presagios funestos se multiplicaban. En los libros sibilinos se creía leer la fecha de la caída del Imperio, anunciada para el año siguiente.

Cada día, nuevos contingentes llegados de Asia reforzaban el ejército de Atila. Esta multitud de hombres oscilaba de las márgenes del Danubio al bosque Herciniano, y se esperaba el momento en que bajara bruscamente, como una avalancha, sobre los puestos avanzados latinos. Valentiniano incitaba a Aecio para que tomara la ofensiva, pero el general esperaba, pues no sabía todavía sobre qué frente iba a producirse el ataque.

El año 450 finalizó con esta incertidumbre. De pronto, en el mes de enero de 451, el ejército huno apareció sobre el Rin.

CAPÍTULO TRECE

El azote de Dios

Una multitud innumerable de jinetes, acompañada por carros, seguía al rey de los hunos. Inquieto por la energía resuelta que había demostrado el emperador militar de Constantinopla, Atila reunía a todas sus tropas y concentraba todos sus esfuerzos contra el Imperio de Occidente.

El avance de su ejército hacía el ruido terrible del mar contra las rocas. Gritos y cantos salvajes dominaban a veces la rodadura de los carros y el ruido de los cascos de los caballos. Se escuchaba el entrechocar de las armas, y las cuerdas de los arcos que vibraban en una nota grave. Un hedor insoportable a cuero, grasa y sudor envolvía a los incontables jinetes vestidos con pieles. En la horda que pasaba a un trote rápido, a través de campos y bosques, se contaban de quinientos a setecientos mil hombres. Lo mismo se veía a germanos, blancos y rubios, de talla gigantesca, que a eslavos vestidos de cuero y armados con hachas y largas lanzas, pero sobre todo abundaban los mongoles de rostro amarillo, tropas de elite que habían proporcionado los hunos y sus aliados asiáticos.

Divididos en escuadrones que obedecían a una rigurosa disciplina, estos jinetes avanzaban, y parecía que nada podía detenerlos nunca. El orden en que desfilaban daba la imagen de una fuerza contenida, organizada, que obedecía a una inteligencia.

Este ejército, compuesto en su mayor parte por jinetes, constituía la fuerza más rápida y aguerrida que ningún rey hubiese poseído jamás. En él se mezclaban todos los dialectos, y en un pintoresco cuadro convivían todas las costumbres y todas las armas de Asia. El amor a la guerra y al saqueo animaba a estos nómadas, procedentes con sus carros de las altiplanicies. La horda ruda, cruel, dócil a la voluntad del jefe, remontaba el Danubio en dirección norte.

Los correos iban informando a Aecio de que los hunos habían salido de Etzelburgo y que habían penetrado en el bosque, y luego ya no supo nada más. Pero de pronto se anunció que el ejército de Atila había llegado hasta el Rin.

Como si los vínculos que mantenían juntas a las diversas fuerzas del Imperio se hubiesen roto en ese momento, sus elementos se dislocaron. Los romanos supieron que los burgundios y los turingios no habían opuesto ninguna resistencia a los invasores, que los francos de Neckar habían asesinado a su rey (apoyado por los romanos) y que el joven príncipe fugitivo que lo había remplazado marchaba junto a Atila.

Los hunos vacilaron un momento ante el Rin. Parecía que temían alguna clase de trampa más allá del río. La facilidad con la que habían proseguido su carrera hasta el momento quizá les pareciera sospechosa y susceptible de disimular una emboscada. Sin embargo, no les impedía el paso ningún otro obstáculo que no fuera el mismo río. La población les había acogido bien, aterrorizada por esos hombres amarillos con cara de demonios que sólo comían carne cruda. La apariencia salvaje del ejército y la disciplina rigurosa a la que obedecía constituían un curioso contraste que aumentaba el temor de los renanos. Mientras se disponían puentes de barcos en la región de Angst y de Coblenza, llegaba la retaguardia de los carros.

Algunos días más tarde, los hunos acampaban alrededor de Tréveris y Atila pasaba triunfalmente bajo la majestuosa Porta Nigra, testimonio orgulloso y poderoso de la dominación romana.

A excepción de algunas escaramuzas sin mayor importancia, el ejército huno no había combatido. Con la certeza de su derrota, las guarniciones romanas se habían replegado, con lo que habían permitido a los germanos unirse a los invasores. Reconocían en ellos a los salvadores tan esperados que romperían la tiranía de Roma y devolverían a los pueblos oprimidos su antigua soberanía. No se había perturbado en absoluto el orden del país. No se habían dado ni violencias ni saqueos. En el momento de entrar en Galia, Atila ordenó que se anunciara a los habitantes que solamente estaba en guerra con los romanos, y que los galos no tenían nada que temer de él. Al contrario, venía a librarlos de los usurpadores y a restablecer a sus monarcas naturales.

A pesar de sus proclamas, una parte de los burgundios, comandada por Gunther, intentó resistir apoyándose en algunos francos salios. Pero pronto fueron derrotados, y se hizo prisionero a su rey Childerico. El único resultado de esta desgraciada tentativa fue provocar la destrucción de Windsch, de Spira, de Worms y de Maguncia, pues si bien Atila prometía no causar el menor daño a los pueblos que se sometieran, tenía la voluntad de destruir todos los que se opusieran a su avance.

En cuanto hubo tomado Basilea, Estrasburgo, Colmar, Besançon, Tongres y Arras, desplegó su ejército sobre una inmensa extensión del país que iba desde el Jura al océano. Esta línea avanzaba rápidamente, a un ritmo regular. Los jinetes y los carros pasaban al galope. Bruscamente, ante las murallas de Metz, el ejército se detuvo. Era el mes de abril. En tres meses, los hunos habían franqueado la distancia que separa el Danubio de la Lorena.

Metz, ciudad fortificada, bien provista de armas y de víveres, habitada por hombres valientes y gobernada por un obispo que a sus virtudes episcopales unía las cualidades de un guerrero, rechazó abrir sus puertas a Atila. Ante sus murallas, la horda asiática reculó y volvió a avanzar, golpeando los muros con tenacidad. Atila habría podido hacer caso omiso, pero no quería dejar tras de él esa ciudad intacta. Además del peligro que supone sentir tras de sí a un enemigo armado, esta resistencia irritaba su cólera. Invencibles en el llano, por la calidad de su caballería, los hunos eran malos asediadores. Intentaban escalar las murallas, y derribar las puertas, pero se les rechazaba a pedradas, les echaban encima aceite y agua hirviendo, y pez fundida. Se ponían nerviosos, sufrían numerosas bajas entre sus soldados. Apuntaban sin éxito sus flechas hacia los habitantes de Metz, a cubierto tras sus defensas. Esta espera no revestía gravedad, pero rompía el ritmo del avance, la cadencia del éxito. En lugar de perder el tiempo ante una ciudad que resistía, Atila decidió seguir avanzando, y para gran alivio de los lorenos levantó el sitio. El ejército huno desfiló, innumerable, ante las puertas intactas que desafiaban la impetuosidad de los jinetes y la furia asiática.

Se habían alejado de allí hacía unos cuantos días cuando Atila supo que una parte de las murallas que habían atacado se había venido abajo. El asedio que había parecido inútil había acabado dando sus frutos. Mientras los habitantes de Metz trabajaban para rellenar la brecha y volver a levantar los muros, Atila vuelve bruscamente sobre sus pasos y en la noche de Pascua, mientras los habitantes se afanaban en transportar piedras y en levantar empalizadas, aparece ante la ciudad, de la que se creía que se encontraba muy lejos, y arrasa las casas y mata a todos sus habitantes. Solamente una iglesia, consagrada a san Esteban, escapó a la destrucción, porque según se dice su santo patrón había solicitado este favor a Dios, con lo que por milagro se hizo invisible a los hunos y permaneció intacta.

La noticia de esta matanza se propagó enseguida por toda la región. Cuando los hunos llegaron ante Reims, la ciudad estaba casi desierta. Solamente el obispo Nicasio, que hacía las funciones de gobernador civil y de jefe militar, intentó defenderla con un puñado de hombres valientes. No pudieron resistir durante demasiado tiempo. El ejército mongol tomó la ciudad al asalto, mató al obispo y a sus soldados y quemó las casas. Los hunos iban a entrar en la catedral cuando, de pronto, una voz terrible retumbó desde el fondo del santuario, lo que puso en fuga a los supersticiosos asiáticos y salvó la iglesia.

Después de Reims, Laon y Saint-Quentin fueron tomados y saqueados. El camino hacia París quedaba libre, y los hunos se lanzaron por él al galope con sus pequeños caballos.

Los lutecianos, confiados en la invulnerabilidad tradicional del Imperio romano, y menospreciando a los hunos, cuya fuerza desconocían, habían asegurado su fidelidad a Aecio. Olvidaban que los romanos les habían oprimido, que habían abolido sus libertades, que habían destruido a sus reyes y a sus dioses, y que las legiones habían aplastado la antigua independencia gala para imponer a todas las provincias sus centuriones y sus recaudadores. Sin embargo, cuando ese peligro que parecía quimérico se mostró en la cercanía, lamentaron su temeridad. Todos los días llegaban grupos de fugitivos que hablaban de ciudades en llamas y describían las matanzas, los pillajes y las violaciones cometidos por los hombres amarillos. La confianza de los parisinos se convirtió bruscamente en terror. Así como hasta entonces se habían burlado de todas las habladurías, de repente les invadió el temor y quisieron abandonar la ciudad. Ya hacían sus paquetes cuando las mujeres que habían ido a rezar a la iglesia que era el orgullo de la nueva ciudad, volvieron declarando que ellas no iban a huir. Explicaban que una mujer, célebre por su piedad, a quien todos los obispos de paso por la ciudad iban a visitar para saludarla respetuosamente, les había asegurado que no había nada que temer y que Atila jamás tomaría París. Puesto que Genoveva lo había dicho, era inútil abandonar las casas y echar a correr por los caminos, París no corría peligro. Los hombres rieron con desprecio y las incitaron a acabar los equipajes, pero ellas se negaron, y como amenazaban con pegarles fueron a encerrarse en el baptisterio de Saint-Jean-le-Rond, en la punta de la isla, en donde Genoveva seguía rezando.

Los parisinos consideraban que sus murallas constituían una defensa escasa, y juzgaban que el cauce del Sena era demasiado estrecho. Ya habían percibido, al otro lado del río, a jinetes en misión de reconocimiento, y no tenían más que un afán, el de buscar cuanto antes un abrigo en las provincias meridionales, hacia Marsella o Burdeos. Pero no querían partir sin sus mujeres, y éstas se empeñaban en no salir de Saint-Jean-le-Rond. Argumentos lógicos, amenazas, súplicas, todo fue en vano. Ellas seguían con sus cánticos y no contestaban. Tras haber gritado injurias y golpeado con el puño las enormes puertas de madera, los parisinos se reunieron en consejo para decidir si era mejor partir sin sus mujeres o si convenía llevárselas a la fuerza. Esta última alternativa fue la que prevaleció. Ya se disponían a derribar la puerta del baptisterio cuando un sacerdote de Auxerre, sorprendido por el estrépito, les preguntó qué sucedía. Una vez informado les declaró que Genoveva era una santa y que había que obedecerla. Rendidos a la confianza que esta exhortación les brindaba, los parisinos se persuadieron de que a su ciudad no podía ocurrirle nada malo, puesto que el cielo la protegía. Las mujeres, al ver que volvía la calma, se atrevieron a entreabrir la puerta del baptisterio. Parlamentaron, se reconciliaron y cada uno volvió a su casa. Los exploradores mongoles habían desaparecido. Hasta donde podía distinguirse en los alrededores de la ciudad no se veía ni un jinete. París estaba salvado. Llevaron a Genoveva a su casa en triunfo, se cantó un Te Deum de acción de gracias en la catedral y los parisinos volvieron a sus ocupaciones.

Las noticias llegadas de Toulouse habían modificado súbitamente el orden de marcha de los hunos. Los espías que Atila mantenía en la corte de Teodorico le habían avisado de que entre los visigodos se había formado una fracción bastante importante que incitaba a la guerra. Sostenida por los enviados romanos, presionaba a Teodorico para que entrase en la lucha antes de que fuera demasiado tarde. «Si los hunos aplastan a los romanos —decían los partidarios de la intervención—, no podremos luchar a solas contra esos bárbaros, mientras que si nos unimos a las tropas de Aecio seremos capaces de detenerlos.» Por el contrario, los viejos visigodos, más experimentados, recordaban que los romanos tenían por costumbre hacer avanzar a sus aliados mientras ellos permanecían a buen recaudo, y que la amistad de Roma siempre había costado muy cara a los ingenuos que se habían dejado engatusar por sus promesas.

Atila conocía a Teodorico y sabía que tarde o temprano la corte de Ravena haría con él lo que quisiera. Por lo tanto era necesario sacar provecho de ese periodo de indecisión y vencer a los visigodos antes de que tuvieran tiempo de unirse al ejército romano. Dueño y señor de la Galia septentrional, Atila podía efectuar una maniobra de diversión hacia el sur. Toulouse estaba lejos, pero los hunos llegarían lo bastante pronto como para sorprender a los visigodos antes de que éstos hubieran adoptado una resolución. Éste fue el motivo que llevó a Atila, que parecía dirigirse a París, a avanzar de pronto oblicuamente hacia el este, atravesar el Sena por Nogent, apoderarse de Troyes, retroceder hacia Sens y aparecer ante Orleans. De allí hasta Toulouse descendería en línea recta, sin que ningún obstáculo pudiera detenerlo. Pero eso sí, Orleans era una ciudad custodiada por los alanos, a sueldo de Roma.

Los alanos no habían tenido suerte. Expulsados por los hunos de su país, que se extendía al norte del Cáucaso, del mar Negro al mar Caspio, habían errado a través de Europa y, tras largas y azarosas peregrinaciones, habían llegado a España, en donde habían instaurado un reino precario que les habían disputado los visigodos, los vándalos y los suevos, unos tras otros. En el transcurso de sus migraciones, algunas tribus se habían puesto al servicio de los gépidos, de los ostrogodos y de los romanos. La que se había instalado en el Loira, a sueldo de Valentiniano III, estaba bajo las órdenes de Sangiban, cuya lealtad a la causa romana era incierta, y más cuando el dinero prometido se hacía esperar desde varios meses atrás. Un día Sangiban recibió a un mensajero de Atila que le proponía la alternativa siguiente: «O permaneces fiel a esos romanos que no te pagan, con lo que te echaré del Loira, como los hunos te han expulsado siempre de todos los países, desde el Cáucaso, o abandonas Orleans, y te haré rico.» Sangiban protestó en un principio, pero encargó que le respondieran a Atila que podía venir, que el paso del Loira estaría despejado.

El ejército huno se agrupa y desciende al galope hacia el río. Sangiban, tal y como ha prometido, se contenta con observar el paso de los hunos. Los alanos aclaman a los jinetes a los que en principio tenían que detener y les entregan los puentes. El 2 de mayo, Atila llega a las murallas de Orleans. Hacía veintitrés días que había salido de Metz.

El obispo Aignan, gobernador de Orleans, no se fiaba de los alanos. Admitiendo incluso que éstos defendieran a conciencia las márgenes del Loira, la seguridad personal era asunto de los propios habitantes de Orleans. Por esta razón Aignan había ordenado que las puertas permanecieran cerradas, y que la guardia en la defensa incumbiera a todos los ciudadanos válidos. Al mismo tiempo que tomaba la iniciativa en estas precauciones para la defensa de la ciudad, avisó a Aecio de que los bárbaros habían pasado el Loira, y de que se encontraban a las puertas de Orleans.

Informado por sus emisarios, Aecio seguía desde Ravena el avance de los hunos. Cuando Atila había aparecido sobre el Rin había pensado que se trataba de una maniobra de distracción. Acostumbrado a las astucias de los nómadas, se imaginaba que este ataque solamente tenía como objetivo atraerle a él y al ejército romano hacia Galia, y que el rey aprovecharía su ausencia para lanzar a su verdadero ejército hacia el sur. Sin embargo, las noticias que recibía día tras día confirmaban la presencia de fuerzas considerables en la Galia septentrional. Si tal como se decía, Atila en persona dirigía de seiscientos a setecientos mil hombres, era imposible que enviara a un ejército tan importante a otro frente. Además, ¿a quién le podría haber confiado el mando? Así que Aecio esperaba... Tenía confianza en sus aliados francos y burgundios, no creía que los hunos fueran a barrerlos como si fueran polvo. Confiaba en la lealtad de los alanos. Y sobre todo esperaba que los visigodos se decidieran a entrar en guerra.

El factor visigodo tenía una gran importancia para Aecio. Acostumbrado a no llevar al frente a sus regimientos más que en el último momento, después de que los auxiliares bárbaros hubiesen agotado una parte de las fuerzas del enemigo, habría preferido oponer el ejército de Teodosio a los hunos antes que el suyo propio. Admirablemente ahorrativo de sangre latina, Aecio era un hombre de guerra calculador. Enumeraba los obstáculos que los hunos tenían que encontrar en su camino al atravesar Galia. Pero ignoraba la situación política de los galos, y con esta sorprendente inconciencia propia de los opresores, ni le pasaba por la cabeza que el ser vasallo de Roma y de morir por ella, si llegaba el caso, no fueran honores suficientes para sus aliados.

Conocía el movimiento de los bagaudas, ya que a menudo los había combatido, pero se engañaba sobre su fuerza, y por encima de todo sobre el espíritu que los animaba. Como todos los romanos, obedientes a las afirmaciones de los historiadores y de los cronistas, veía en este alzamiento nacional una simple insurrección de malhechores, ávidos de saqueo. Orgullosos por herencia de su supremacía, los romanos menospreciaban estas corrientes subterráneas del sentimiento galo. A sus ojos, hombres que representaban el más legítimo deseo de independencia eran unos bandidos dignos de todos los suplicios. Sabían que, despojados de su antiguo espíritu guerrero, ablandados por la servidumbre, los descendientes de los rebeldes heroicos de otros tiempos se dispersarían ante las legiones. Las relaciones existentes entre los jefes bagaudas y Atila se juzgaban en Ravena como una confusa conjura entre agitadores descontentos y una nación extranjera. Pero tras estos jefes se alineaba un país entero, en donde todavía vivía el odio hacia Roma y el amor a la libertad.

El rápido avance de Atila sólo había sido posible gracias a esa complicidad tácita de la que se beneficiaba. Es poco probable que incluso reuniendo todas sus fuerzas los habitantes de Galia hubieran podido detenerle. Una oleada de setecientos mil jinetes barriendo todo un país no es más fácil de dominar que un torrente, o que una avalancha. Pero aparte del apoyo material que la población no había ofrecido a los romanos, también se daba esa colaboración moral que los hunos encontraban en ella.

Cuando se enteró de que las naciones que tenían que levantarse como barreras ante el invasor se abrían para cederle el paso, Aecio se puso a echar pestes contra los miserables bagaudas que habían podrido Galia, y consideró con mayor inquietud el avance de Atila. Pero gracias a su habilidad en sacar ventaja, a pesar de todo, de las situaciones desfavorables, utilizó la defección de sus aliados para ganarse a otro aliado más poderoso: Teodorico.

El gobierno de Toulouse, por su parte, observaba atemorizado las gestiones de Roma y los progresos de Atila. Teodorico no albergaba demasiadas ilusiones con respecto a sus amigos, y lo mismo valía para sus enemigos. Para él la cuestión se reducía a una disyuntiva: convertirse en presa de los hunos o de los romanos. Si comprometía a su ejército, Roma se encargaría de atacarle y vencerle tanto para disminuir a los hunos como para debilitar a los visigodos. Si no lo hacía, corría el peligro de ver a Atila dominado por los francos sin que él hubiera podido intervenir. Una carta alarmada de Aecio aumentó su inquietud. En términos elocuentes, el patricio describía la llegada de las hordas asiáticas, la debilidad de Gunther, la derrota de los francos, la traición de Sangiban. Apremiaba al rey visigodo para que uniera sus fuerzas a las que los romanos enviaban en defensa de la civilización, y añadía que ya no cabía esperar calculadamente a ver qué ocurría, porque Atila iba a adueñarse de toda Galia. Añadía que por el itinerario que éste había escogido podía deducirse que no era Italia la amenazada, sino Aquitania. Si el ejército romano entraba en campaña no lo hacía en absoluto por interés, puesto que el Imperio no estaba directamente en peligro, sino para proteger a los visigodos. Convenía por tanto tomar rápidamente una decisión, sin esperar a que los caballos de los hunos relincharan bajo los muros de Toulouse.

Durante ese tiempo, como el peligro se hacía más evidente, Aecio partió de Roma con un ejército, y se desplazó hasta Arles, desde donde invitó a Teodorico para que se reuniera con él.

Estas negociaciones duran todo el mes de mayo. Aignan, que en vano espera en Orleans la llegada de Aecio, tiembla pensando en la posibilidad de que las cartas hayan sido interceptadas. El círculo de los hunos empieza a estrecharse ya alrededor de la ciudad. Pronto ya nadie podrá salir de Orleans. A pesar del peligro que entraña semejante iniciativa, decide partir por la noche, atravesar las líneas hunas y reunirse con el general romano para informarle de la situación. Antes de salir reúne a los notables de la ciudad y entre todos calculan la cantidad de víveres y municiones, la solidez de las murallas y el número de hombres válidos. Podrán resistir todavía quince días, como mucho tres semanas, pero será imposible resistir por más tiempo.

Aignan llega a Arles, se entrevista con Aecio y le informa del peligro que corre Orleans. La ciudad resistirá hasta el 23 de junio. «Habré llegado antes de esa fecha», dice Aecio. Aignan parte con esta promesa, de la que informará a sus compatriotas.

Aecio lo ha prometido, ¿pero cómo podrá mantener esta promesa? ¿Avanzando contra Atila al frente de su pequeño ejército? No cabe ni pensar en tal posibilidad. Cierto es que ha recibido refuerzos de los arvernos, de los breones que habitan en las montañas de los Alpes, de los armoricanos de Bretaña. Gunther y Meroveo han acudido a reunirse con él junto con algunos contingentes burgundios y francos, llevado por el remordimiento, o quizá por el miedo al castigo si Roma vence a Atila.

Desde el momento en que se entera de la llegada de Aecio, Sangiban declara que le habían engañado con falsas órdenes, y que sigue siendo un servidor leal al Imperio. Algunos regimientos reclutados a toda prisa, entre los sajones, los suevos, los sármatas y los letios acampan alrededor de Arles. Pero Teodorico no ha respondido a la carta urgente, y sin los visigodos no se puede hacer nada.

Aecio se impacienta esperando una respuesta que no llega. Apremia a Valentiniano III para que haga actuar a sus embajadores. La corte de Ravena se agita inútilmente, enloquecida de terror. Solamente un hombre conserva la sangre fría: Aecio. Puesto que la salvación del Imperio depende completamente de él, el general se convertirá en diplomático. Se desplazará personalmente a Toulouse para persuadir al rey transigente.

Entre sus amigos de Roma destaca un poeta distinguido, estimado por sus obras de circunstancias, que goza de un gran prestigio mundano y que se llama Sidonio Apolinar. El viejo soldado conoce mal todas las alianzas de la sociedad romana, pero recuerda que este Apolinar se ha casado con la hija de un senador que vive en Clermont, y que este senador, Mecilio Avito, es un amigo personal de Teodorico. En varias ocasiones ha prestado servicios importantes a los visigodos, quienes le consideran un hombre de buen consejo. Antes de partir a Toulouse, Aecio quiere asegurarse la mediación de Avito. Llega a Clermont con una carta de recomendación de Sidonio Apolinar en la que éste discurre sobre la suerte de la civilización amenazada. El senador se emociona, y así Aecio puede intentar persuadirle para que convenza a los visigodos de que su deber es intervenir. En principio Avito rechaza la posibilidad de participar en ese asunto, pero finalmente cede a las súplicas de Aecio, y ambos parten en dirección a Aquitania. Teodorico reconoce con alegría a su antiguo consejero, le escucha, y ya con el convencimiento del peligro que los hunos representarán para Europa entera, consiente en aliarse con los romanos. Aecio, con gran alegría, vuelve a Arles, acompañado de Turismundo, el hijo mayo de Teodorico que está al mando de la vanguardia visigoda. A unas jornadas de distancia les sigue el ejército que, bajo las órdenes del rey, levanta el campamento y se dirige hacia Orleans a marchas forzadas.

El 20 de junio, Aignan sigue esperando la llegada de los romanos. Tras cinco semanas, Orleans sigue resistiendo todos los asaltos, pero la población está agotada, y faltan los víveres. Nadie se atreve ya a asomar la cabeza por encima de las almenas, pues una lluvia de flechas barre las murallas durante todo el día. Por la noche, los habitantes aterrorizados ven que se alumbran miles de fuegos en la llanura, hormigueantes como reflejos del cielo, y oyen los cantos bárbaros hasta el alba. Después, tras la salida del sol, vuelven a sucederse las galopadas enloquecidas alrededor de las murallas, y las irritantes flechas que caen zumbando de modo insolente por todos lados.

La popularidad del obispo ha disminuido. No ve más que rostros irónicos o de odio a su alrededor. No se atreve a insistir en que Aecio va a venir. Ya no se lo cree.

El 21, a pesar de las piedras y del aceite hirviendo, los hunos golpean las puertas con árboles que han cortado en los bosques. Por la noche, los principales de la ciudad celebran un consejo. Aignan asiste, mudo, a la discusión. Nadie le pide su opinión. Hablar de los romanos equivaldría a desencadenar las invectivas. Un comerciante propone la rendición de Orleans. Se duda. La situación es muy grave. «¿Y qué ganamos si resistimos?», pregunta otro. Se vota. La rendición queda aprobada. Por principio se pondrán algunas condiciones: se respetarán las iglesias, los bienes privados no serán objeto de pillaje, se negociará la suma a entregar...

Por la mañana del 22, mientras se preparan para reemprender el asalto, los hunos perciben a un hombre que desciende desde lo alto de las murallas con la ayuda de una cuerda. Es un parlamentario. Lo llevan ante Atila. El burgués, temblando, entrega su mensaje. Atila se ríe. ¿Condiciones? Dos meses atrás, quizá. Hoy, no. Demasiado tarde, la paciencia se ha acabado. El enviado insiste. Despidiéndole con un gesto, Atila repite:

—¡Puertas abiertas, y sin condiciones!

Acompañan al burgués entre chanzas y alguna que otra pedrada hasta la muralla. Lo izan con la cuerda. Trae la respuesta de Atila al aterrado consejo. Tienen veinticuatro horas para ejecutar su orden: abrir las puertas.

Durante toda la noche, la población de Orleans llena las iglesias de plegarias y de gemidos. Imploran a los santos, prometen peregrinajes, y exvotos. Los cirios arden, innumerables, pero no tan numerosos como los fuegos de los hunos: entre un cántico y otro se oyen, allá abajo, los clamores salvajes.

Un bonito día de primavera. Aignan ha subido al campanario más alto y escruta la llanura que rodea la ciudad. Por todas partes ve a hunos que forman ante las puertas. En el horizonte, nada. El obispo suspira profundamente. Es el último día. Aecio no vendrá. Y oye el ruido de las puertas que se abren.

Los jefes hunos corren de un escuadrón a otro para mantener el orden, pero los bárbaros no pueden contener su impaciencia. Se precipitan, se empujan para entrar. Cada puerta vomita hordas que llenan las calles. Se oyen aullidos y gritos de triunfo. Después se organiza el saqueo. Los soldados visitan las casas, metódicamente, y unos arrastran a las mujeres, y otros beben. El ejército se extiende por las plazas, se introduce en las viviendas. Entre un gran clamor, Atila emerge ante la catedral, a la cabeza de su estado mayor. A mediodía el desorden es inenarrable. Los hunos borrachos concluyen su matanza de los habitantes de Orleans cuando Aignan, que llora acurrucado en un rincón de las murallas, oye el rumor de un galope lejano. El ejército comandado por Aecio y Teodorico llega el 23, como el general había prometido.

Un instante más tarde, los jinetes romanos se hallan ante las puertas. Retumban claras órdenes en latín, y suenan las agudas trompetas. En la ciudad reina de pronto la estupefacción. Atila grita salvajes injurias, y sus oficiales intentan reunir en formación a sus soldados, pero ¿qué hacer con esas hordas borrachas? Los hunos huyen en desorden, perseguidos por sus enemigos. Chocan con Sangiban, quien ha vuelto a convertirse en romano y pretende impedirles el paso. Pero los alanos resultan arrollados por el impulso del pánico, y los carros se dispersan en todas las direcciones por la llanura.

Teodorico quiere seguir aprovechándose de la ventaja, pero Aecio le detiene. Han hecho huir a los hunos, con eso basta. Galopando a esa velocidad, tardarán mucho en detenerse.

Aignan avergüenza a sus conciudadanos por su incredulidad. Los vencedores se arrodillan ante la catedral. Orleans está en ruinas, pero Atila acaba de sufrir su primera derrota. ¿Qué importa Orleans? Lo esencial para Aecio era que los visigodos se pusieran del lado de los aliados. Perdonan a Sangiban, quien se disculpa entre grandes sollozos de haber sido engañado, y clama que nunca, nunca, había querido abandonar Roma. Te Deum, reconciliación, sueños de victoria. Durante este tiempo los hunos siguen galopando, hacia Champagne.

Al enterarse de la llegada de Aecio, de la alianza de los visigodos con los romanos y de la deserción de Sangiban, Meroveo, a la cabeza de los francos, se apresura a ofrecer sus servicios a los vencedores. «Atila se bate en retirada, hay que perseguirlo.» El ejército romano sale enseguida de Orleans, siguiendo el rastro de los hunos.

Éstos suben hacia el norte. Pasan por Sens y saquean la ciudad. Su furor de pillaje se desata. La disciplina que Atila les había impuesto se desvanece. Los jefes recobran su arrogancia, sobre todo los que han llegado recientemente de Asia, los que no han experimentado la poderosa transformación que el rey imponía a sus discípulos directos. El desorden se introduce en el ejército tras la derrota de Orleans. Esta enorme masa guerrera que Atila creía haber modelado en un único cuerpo dócil se disgrega. Se hace necesario batirse en retirada y poder disponer de tiempo para reconstituir los regimientos dispersos, castigar a los rebeldes y descontentos y rehacer la sólida homogeneidad de la horda.

Al norte de Sens, Atila se detiene. No es un hombre de guerra. Hasta el momento, sus triunfos han sido de orden político. Es un diplomático, no un general. Posee el genio de los grandes proyectos, de las combinaciones a largo plazo, pero le falta la visión clara y rápida del soldado en el campo de batalla. Sobre todo, siente que tras él arrastra una fuerza que le empuja y que amenaza con aplastarle, una masa ciega que resulta muy fácil lanzar hacia delante, pero frenarla y hacerla retroceder se hace peligroso. El ejército huno es un maravilloso elemento de ofensiva. Su movilidad, debida a la velocidad de sus caballos y a la potencia de sus arcos, la convierte en temible en campo raso, pero también ha quedado comprobada su ineficacia, ante Metz y Orleans, ante un ejército en orden de batalla o contra las fortificaciones.

Los bárbaros a los que los hunos han vencido luchaban al azar. El éxito pertenece a una ola más fuerte que ha podido rechazar a otra, pero que choca en vano contra un muro. Quizá pueda debilitarlo, quizás a la larga pueda derribarlo, pero eso lleva demasiado tiempo, y la constitución de un ejército como el suyo no permite la paciencia, la duda, la vacilación. El caballo y la flecha son armas arrojadizas que no pueden recuperarse después de que hayan alcanzado o errado el blanco.

Tras la derrota de Orleans, Atila se comporta como un diplomático, no como un soldado. Supone que no tiene más que recular para recuperar fuerzas y combinar nuevas negociaciones. Pero el ejército huno sólo es eficaz cuando ataca, cuando avanza, con la incursión al galope. Ante Metz su impulso queda frenado. En Orleans se quiebra. La retirada acabará con todo su dinamismo.

Una vez más, quien ha triunfado es el prestigio de Roma. La aparición de un ejército romano, la presencia de Aecio (el único hombre de Europa por el que Atila siente estima y admiración) han bastado para dispersar a setecientos mil jinetes mongoles, eslavos y germanos. Atila se encuentra frente al único adversario que juzga digno de él, y este adversario representa al Imperio romano. El rey huno conoce la corrupción, el desorden, la anarquía que esta palabra puede ocultar, pero conoce a Aecio, su fuerza vigilante y obstinada de viejo germano. Comprende que él mismo no es ningún general, y que ni Scota, ni Edecón, ni Berik son capaces de ponerse al mando de la horda. ¡Ah, si Aecio quisiera servir a los hunos...! Pero es fiel a Roma. Nadie ha sufrido como él las intrigas de la corte, ni tantas bajezas, celos, odio. Aun así, sirve a su señor, a esa abstracción, ese ídolo caduco: el Imperio.

Mientras sus tropas abandonaban en desorden Orleans, Atila comparaba la fuerza del agua a la potencia de la piedra, sus rebaños de carros a las ciudades encerradas en sus murallas, sus jinetes dispersos a las legiones geométricas. Siente en ese momento la inferioridad de lo que se mueve sobre lo estable, de lo amorfo sobre lo formal. El viejo palacio está agrietado, pero mientras la piedra angular aguante, será inútil golpear sus muros.

Ha cedido al vértigo del número. Ha creído que bastaba con sumergir a un país, cuando solamente por azar ha obtenido Metz, y Aecio le ha arrebatado Orleans. Si pudiese recomenzar los preparativos, ya no se molestaría en reunir un ejército enorme que no sabe cómo alimentar y que maniobra con dificultad. No, dispondría solamente de algunos escuadrones de elite e infantería en cuadro. Les enseñaría a hacer la «cabeza de puerco» y la «tortuga», y haría que se acostumbraran al uso del sable. Y solamente mongoles: nada de eslavos, que combaten alegremente, como si danzaran; nada de germanos con prisas por entrar en el Valhala. No hay que luchar para que te maten, hay que luchar para vencer. Dispondría solamente de soldados profesionales y técnicos, de hombres que apreciasen su vida.

Ha creído que Genserico atacaría a los romanos o a los visigodos, pero en el momento en que se le ha apremiado a entrar en guerra, el rey vándalo ha respondido con nerviosismo que no estaba preparado, y ha pedido aplazamientos, con lo que los visigodos, al saber que no tenían nada que temer de los vándalos, han avanzado junto a los romanos.

Demasiado tarde para recriminaciones, los acontecimientos han seguido su camino. Atila sabe que le perseguirán. Mejor así. Teodorico no querrá que su enemigo se le escape. Si Genserico hubiese podido ocuparse de los visigodos, Aecio se habría quedado solo. ¡Pero habría seguido siendo Aecio!

¿Adivinaría Aecio la trampa? Descendiendo desde Tréveris, Atila había percibido al nordeste de Châlons una llanura inmensa. En estos momentos le viene a la memoria. Piensa que si hubiese luchado contra los romanos en ese vasto espacio propicio a las cargas de caballería les habría derrotado, mientras que en las calles estrechas de Orleans...

Retrocederá hasta allí, y esperará. Si los romanos tardan en llegar dejarán resoplar a los caballos. Pasa ante Troyes. La ciudad se apresura a cerrar sus puertas, y el obispo acude a suplicarle al rey que perdone a la ciudad.

—¿Cómo te llamas? —pregunta Atila.

—Lobo —responde el obispo.

El viejo espíritu totémico del nómada se agita en Atila, que observa al obispo con desconfianza. Siente un miedo supersticioso, no tanto por los animales como por los hombres que llevan nombres de animales. Recuerda las predicciones oscuras de los hechiceros, de las que se habría reído en momentos victoriosos, pero que en la atmósfera de la derrota se cargan de un sentido misterioso. Siempre le parece percibir la presencia de potencias sobrenaturales que le ayudan o le combaten. El eremita galo que le había llamado «azote de Dios» no había hecho más que acrecentar su confianza en sí mismo, pero desde la gran voz que había oído en Reims, tiene miedo de las iglesias y de los sacerdotes. Tranquiliza a Lobo. No tocarán su diócesis.

Por otra parte, no quiere volver a aventurarse en sitios peligrosos como las ciudades. Los romanos pueden llegar de un momento a otro. Ha dejado a Ardarico en la retaguardia, con sus gépidos, aunque esos auxiliares le merecen poca confianza. El ejército protesta: quieren saquear Troyes, pero Atila no permitirá que sus soldados se ahoguen en vino. Pronto necesitará de todas sus fuerzas.

Ha perdido de vista a los gépidos, que se han quedado rezagados en la llanura de Mauriac. Cae la noche. Espera con impaciencia la llegada de Ardarico. El ejército continúa a caballo, y los carros siguen avanzando. De pronto, un gran tumulto a lo lejos, un tumulto que se acerca, una refriega entre jinetes que cae sobre ellos, desbocada. El azar ha hecho que los gépidos se encontraran en medio de la oscuridad con Meroveo y los francos, que forman la vanguardia del ejército romano. Los dos escuadrones se han enfrentado en un choque a ciegas: Meroveo cree haber caído sobre Atila, y Ardarico tiembla pensando que tiene ante él a todas las fuerzas de Aecio. Como quiere volver al campamento huno, arrastra tras él a su adversario. Así llega el pánico, y los caballos enloquecen, y se golpea al azar, entre tinieblas. Los jinetes francos parecen estar en todas partes al mismo tiempo. Atila galopa de un escuadrón a otro, cae por entre los enemigos, huye. La oscuridad ofrece todas las ventajas al atacante. Atila lo comprende así, y ordena la retirada, y las hordas vuelven a huir precipitadamente a través de la noche, mientras que Meroveo, que ha conseguido hacerse con el terreno, se apresura a reunirse con el ejército de Aecio.

CAPÍTULO CATORCE

Campos cataláunicos

Cerca de Châlons se encuentran las ruinas de un antiguo campamento romano. Atila hace entrar los carros, los ordena en círculo tras los taludes cubiertos de hierba, y al abrigo de esta doble muralla coloca sus reservas. Dispone las tropas de choque en la llanura.

Aecio se ha enterado por Meroveo de los acontecimientos de la víspera. Adivina la inquietud de Atila. Es el momento de asestar un buen golpe. Todo el ejército se pone en movimiento, desplegado ya en orden de batalla. En el centro Sangiban, y los alanos, bien cercados, pues por su versatilidad no son mucho de fiar; en el ala derecha, Teodorico y los visigodos. Aecio dirige el ala izquierda.

Al alba, Atila, que observa la llanura con inquietud, percibe la ondulación de la oscura línea. Los primeros rayos del sol arrancan destellos de los cascos y de las espadas. Aecio, por su lado, reconoce al ejército huno. Se detiene.

Más o menos en la mitad de la llanura se encuentra una colina boscosa que Atila no había visto durante la noche. Es un punto estratégico importante. Un escuadrón huno se lanza inmediatamente a conquistarla. Pero el estado mayor romano ha comprendido ese movimiento. Turismundo y los jinetes visigodos también se precipitan hacia la colina. Es una carrera en toda regla. Los hunos azuzan con el látigo a sus pequeños caballos y los excitan con gritos guturales, pero ya es demasiado tarde. Turismundo ocupa la cima de la llanura, desde donde rechaza a los agresores, que reculan en desorden.

Ahora el más pequeño movimiento será decisivo. Nadie osa tomar la iniciativa en la acción. Avanzar es lo mismo que desenraizarse, entregarse a la ola, al golpe de viento. El sol se esconde tras una espesa bruma. ¿Quién va a arriesgarse, en la niebla, a adelantarse a ciegas? Hasta no hacía mucho, Atila lo habría intentado. Pero hoy, pacientemente, espera. La niebla arrastra sus brazos húmedos por la llanura. A las diez sale un sol radiante por entre las nubes. Aecio piensa en aprovecharse de que en ese momento ciega al enemigo, pero no se atreve a poner en juego su estabilidad a cambio de un movimiento arriesgado. El tiempo pasa. Los dos ejércitos, inmóviles, comparten la inmensa llanura.

Los hunos, mal acostumbrados a esta táctica, se ponen nerviosos. Les cuesta dominar a sus caballos, y el desorden se instala entre los escuadrones. En ocasiones, un grupo de jinetes se lanza, con la brida suelta, vuelve, empuja, esparciendo la intranquilidad entre las monturas en tensión.

Aecio observa esos movimientos incoherentes que desorganizan el frente. Adivina la irritación que se apodera del enemigo y que pronto le hará perder su sangre fría. Espera el momento propicio. Inspecciona sus tropas. Sangiban y Meroveo están llenos de entusiasmo. Los visigodos tienen un soberbio aire marcial.

Atila siente que la espera está agotando a su ejército, que cada hora de inacción hace que disminuya su fuerza de combate, pero no atacará mientras tenga el sol delante, deslumbrándole.

Mediodía. Es el momento de ordenar el asalto si no se quieren correr los riesgos de un final de batalla en la noche. Teodorico apremia a Aecio para que haga sonar las trompas. El romano se niega. Sabe que para los hunos la inmovilidad es más nefasta que la batalla.

Las tres. Atila percibe el sol detrás de él. Las órdenes breves corren, en susurros, de escuadrón en escuadrón. De pronto, un largo grito, sostenido, cadencioso. La tierra vibra como un inmenso tambor. Los romanos cierran sus murallas humanas. Allá abajo, una multitud avanza al galope, blandiendo sus arcos y hachas.

En un instante, los escudos se erizan de flechas, los venablos rayan el aire en sus cien mil paralelas. Y luego viene el cuerpo a cuerpo.

Sangiban, en el centro, ha recibido el choque más violento, pero resiste, reforzado por las legiones que por todos lados le cierran la retirada. Los visigodos atacan con valentía. El azar quiere que Aecio, en el ala izquierda, sólo tenga ante él a los más mediocres auxiliares de los hunos. Atila ha concentrado a sus mejores tropas en el centro, y en un único ataque espera penetrar en las líneas de los alanos y romper el frente. Pero Sangiban, vigilado, se bate con todas sus fuerzas.

Todos los adversarios luchan con ardor salvaje. Aecio siente que la suerte de Occidente está en sus manos. Los soldados latinos y francos, asustados por la crudeza y la fealdad de sus enemigos, combaten como hombres que no esperan cuartel. No hay heridos, ni prisioneros. Los soldados que caen son soldados muertos. El cuerpo a cuerpo no juega a favor de los hunos. Las flechas de hueso se rompen contra las corazas, las hachas de piedra se mellan contra los cascos, las lazadas no sirven, ni tampoco las largas lanzas. Los hunos estrangulan y desgarran con uñas y dientes. Los cadáveres cubren el suelo, innumerables, y el río enrojece de sangre.

Lentamente, el muro romano avanza. El ejército visigodo ha perdido de vista a su rey, pero su hijo Turismundo asume el mando y hostiga a los hunos. Pronto atacará por el flanco para desbordarlos. Meroveo lleva a cabo la misma maniobra por el otro lado. Atila considera la batalla perdida. Concentrar a sus tropas facilita que las rodeen, pero diseminarlas perjudicaría a toda la fuerza de choque. El impulso que hacía invencibles a los hunos se ha roto contra un muro. Se dispersan por la llanura, en pequeños escuadrones, galopan al azar, vaciando sus carcajes. Llega la noche, y se sigue combatiendo sin distinguir al adversario.

Atila comprende que su táctica no puede hacer mella en el denso volumen de las legiones. Da la orden de retirada, y los romanos que dudaban de su éxito ven con sorpresa cómo el ejército huno abandona el campo y se parapeta tras sus carros.

Trescientos mil cadáveres cubrían la llanura. Bajo un montón de guerreros muertos descubren a Teodorico. El rey visigodo, rodeado por los hunos, había hecho una matanza entre los enemigos antes de sucumbir. Al oír los clamores de desesperación que de pronto estallaron en el campamento romano, Atila se alegró. Se percibía una larga procesión de antorchas, se oía el gemido de las trompas. Aecio había muerto, tal como habían previsto los adivinos. El rey había mantenido en secreto el presagio que los hechiceros le habían comunicado la mañana de la batalla. A pesar del optimismo acostumbrado, no habían podido ocultar al rey que no se iba a alzar con la victoria, pero habían añadido que el jefe de los enemigos perecería. Atila desdeñaba a Teodorico. Para él no había más que un jefe, Aecio, y su desaparición bien valía una derrota. Sabía que sin Aecio los visigodos se habrían quedado en Aquitania, que Sangiban y Meroveo habrían abandonado a los romanos, y que habría continuado su marcha triunfal hacia Toulouse en lugar de combatir en los campos cataláunicos.

Atila ordenó que los gritos de triunfo respondieran a las lamentaciones que llenaban el campamento romano. Durante toda la noche los cantos guerreros, el batir de los tambores y el grito agudo de las flautas sorprendieron a Aecio. No podía entender por qué los hunos, agotados por la batalla, organizaban tamaño escándalo en lugar de dormir.

Hacia medianoche, unos exploradores informan a Atila que han visto cómo transportaban el cadáver de Teodorico. ¿Y Aecio? Lo habían visto saludando a la puerta del campamento la entrada del cuerpo del visigodo. El carácter enérgico y resuelto de Atila, su confianza en sí mismo, en el destino, desaparecen de golpe. Si Aecio sigue vivo se completa su derrota. Sus jefes le rodean, Scota le apremia para que ataque a los romanos al abrigo de la oscuridad y aprovechando la agitación causada por la muerte del rey de los visigodos. Rechaza tal posibilidad. Es demasiado tarde.

En la llanura, grupos de jinetes galopan todavía, perdidos, en busca de su campamento. Atila sale del recinto de los carros y camina en la noche, a solas. Pasa por entre innumerables cadáveres. Llega hasta cerca del campamento romano, construido como una auténtica ciudad, con sus puertas y sus calles. Oye el canto fúnebre de los visigodos. Han tendido a Teodorico sobre un gran escudo que descansa sobre unas lanzas, y alrededor de su cuerpo las antorchas arden, los lamentos se exacerban. Pero, ¿qué importa Teodorico?

A veces una sombra rápida se desliza por la llanura: es un ladrón de cadáveres, furtivo, que arranca a los alanos sus broches de oro en forma de dragones y de cabras, y a los romanos sus anillos, y a los hunos joyas de marfil y de jade.

Atila vuelve al círculo de sus oficiales. Será necesario esperar al día para apreciar las pérdidas romanas. De todos modos, los hunos atrincherados tras sus carros no se esperan sorpresas. El rey imagina que a Aecio le agitarán las mismas inquietudes que a él, que dudará entre atacar o esperar...

En realidad, Aecio tenía otras preocupaciones. Una vez vencido Atila, temía a sus aliados. Los soldados latinos eran poco numerosos en su ejército. Constituían alrededor de un tercio, mientras que los otros dos tercios los componían los visigodos, alanos y francos. ¿Qué ocurriría si esos bárbaros se ponían de acuerdo para traicionarle, se unían para atacarle? Ya no temía a Atila. Impulsivo y supersticioso como era el rey huno, no reiniciaría una batalla que le había sido desfavorable. Por otra parte, tras sus carros, Atila seguía siendo temible como una fiera herida en el fondo de su refugio. Si le sacaban de ahí tendría que ser a costa de cuantiosas bajas. Turismundo, en cambio, después de ponerse al frente de las tropas visigodas tras la muerte de su padre, estaba impaciente por vengar a Teodorico, y quería atacar a los hunos sin vacilaciones, para aniquilarlos. Pero Aecio era un viejo soldado y no quería atacar de noche a un enemigo fortificado. A Turismundo le respaldaban Sangiban y Meroveo, pues deseaban saquear el campamento huno y volver a su tierra cuanto antes, con el botín. Evidentemente, la victoria de la jornada no era más que un éxito a medias. Los hunos seguían siendo muy numerosos y amenazantes. Aun así, con el pretexto de completar esta victoria se arriesgaban a poner en peligro el resultado obtenido.

Mientras que los jefes del ejército romano discutían alrededor del fuego, Atila ordenaba que se amontonaran en medio de su campamento todos los bienes de la nación, los tesoros que la horda transportaba en sus carros, producto de antiguos saqueos. Los jarrones de bronce tomados a los chinos, los arneses con incrustaciones de plata y de oro, los ornamentos de piedras preciosas, las telas de seda, las alfombras y las pieles se acumulaban. Las armas decoradas conquistadas a los reyes del Turkestán, los objetos sagrados arrebatados de las iglesias galas, todos esos símbolos de la victoria y de la dominación cubrían el suelo. Si los romanos lograban atravesar las defensas, los hunos degollarían a sus mujeres y niños, quemarían sus carros y harían que los matasen a todos, asesinando al máximo de enemigos que fuera posible.

Este gesto desesperado que Atila preparaba, de acuerdo con las tradiciones de su raza, suponía la renuncia a todos sus proyectos, la abdicación de su dignidad real universal. Ya no era el amo del mundo, el azote de Dios, sino un jefe de horda vencido, dispuesto a morir entre los suyos en un último combate.

Entre los romanos, la discusión había degenerado en disputa. Turismundo gritaba que el éxito se debía a los visigodos, y que Aecio, celoso, les impedía atacar para privarlos de una victoria que les pertenecía. Sangiban y Meroveo, lanzándose miradas amenazantes, se acusaban recíprocamente de traición y ya levantaban sus hachas. Aecio meditaba, con la mirada fija en las llamas de la hoguera. En ese mismo momento sentía la fragilidad de la construcción que constituía la fuerza de Roma, y hasta qué punto las discordias de sus auxiliares la ponían en peligro. Levantó bruscamente la cabeza cuando Turismundo, con el orgullo de su brutal juventud dijo con gran solemnidad que puesto que los romanos tenían miedo de los perros amarillos, atacaría solo. El panonio le miró por un momento con malicia, y después preguntó suavemente con qué título se permitía hablar de ese modo. ¿Era acaso el rey de los visigodos? El ejército lo había escogido, pero sus hermanos, Federico, Turico, Rotemer, Hemerito, que se habían quedado en Toulouse, tenían tantos derechos como él a la sucesión de Teodorico, y era muy probable que, mejor emplazados para hacerlos valer, se hicieran aclamar por el pueblo en Aquitania, mientras que Turismundo perdía el tiempo en proyectos imposibles en la llanura de Châlons. Como hombre anciano que ya había visto muchas cosas en la vida, le aconsejaba que abandonara a los hunos y que volviera a Toulouse a marchas forzadas antes de que sus hermanos lo desposeyeran del poder. Quizá si salía en ese mismo momento llegaría a tiempo...

El entusiasmo de Turismundo se esfumó. Adivinó las intrigas que iban a desencadenarse en cuanto la noticia de la muerte de Teodorico se conociera en Toulouse. Era necesario llegar enseguida. Emocionado, le dio las gracias a Aecio, e hizo que sonara la alarma entre los visigodos. Sobresaltados al despertarse, protestaron al enterarse de que volvían a Aquitania sin botín. El mismo Turismundo lamentaba no haber podido llevarse nada de entre los carros de los hunos, pero por encima de todo no quería que sus hermanos se desembarazaran de él. Aecio le había dado un buen consejo. Los oficiales visigodos reunieron con toda urgencia sus destacamentos, se plegaron las tiendas y, una hora después, el ejército de Turismundo abandonaba el campamento.

Los centuriones romanos no entendían esa brusca partida:

—Si sólo contamos con nuestras propias fuerzas, ¿qué haremos si los hunos nos atacan? —preguntó uno de ellos al general.

—No nos atacarán —respondió éste, buen conocedor de la psicología de Atila.

Por paradójico que pareciera a su estado mayor, la pérdida de su aliado reforzaba el poder de Roma.

«La situación es excelente —pensaba el panonio—. Teodorico ha muerto, y los visigodos, que han luchado encarnizadamente y han perdido a muchos soldados, no serán de temer durante un tiempo. Las disensiones internas bastarán para mantenerlos ocupados. Atila también está muy debilitado, puesto que los hunos han sufrido pérdidas terribles. Con ayuda de los visigodos, ciertamente, podría haberlos exterminado. Pero, ¿conviene esto a Roma? Hay que tratar a sus aliados como a los adversarios del mañana, y a los enemigos como a futuros amigos. Es decir, no dejar nunca que los primeros se hagan demasiado fuertes, ni aplastar completamente a los segundos. ¿Quién sabe si no tendremos necesidad de Atila, un día, para combatir a los visigodos... o al Imperio de Oriente?»

Se frotó las manos, contento, y después de pronto su rostro se ensombreció, e inclinó la cabeza con melancolía. «En Ravena no lo comprenderán. ¿Qué dirán, qué se les ocurrirá todavía? ¿Que los hunos me han dado dinero? ¡Es lamentable tener que servir a gente así! ¿Por qué no se nos ha dado un hombre de nuestra raza?» Y el viejo panonio, soldado de Roma, se entristecía, como un gigante obligado a obedecer a enanos.

Las hogueras seguían ardiendo en la parte del campamento que los visigodos habían abandonado. Aecio había prohibido que las apagaran. Tras su partida, el ejército se adormeció. El mismo Aecio dormitaba envuelto en su manto. Cuando le despertó el frío del alba, vio ante él a Meroveo, quien le anunció que los francos también se iban, puesto que el general romano protegía a los hunos. Aecio sonrió, hizo un gesto de indiferencia y volvió a dormirse.

En cuanto a Atila, esa noche no durmió en absoluto. Contó a sus soldados y calculó la espantosa cifra de muertos. Visitó el campamento. Casi todos los hunos estaban heridos. Sus ropajes de pieles eran una mala protección contra los venablos y las espadas. Los romanos iban protegidos por los cascos, las corazas, los escudos, pero él nunca podría lograr que los hunos utilizaran esas armas defensivas. De todos modos, intentaría equipar a algunos contingentes a la romana. En su próxima expedición, ya que ésta había fracasado, y Atila no era un hombre que se obstinara cuando las circunstancias se mostraban desfavorables. ¿Acaso el futuro no se desplegaba ante él? Olvidaba que ya tenía sesenta años... Siguiendo la costumbre, consultó a sus hechiceros, pero ni siquiera escuchó las respuestas. No tomaría más iniciativas, esperaría el desarrollo de los acontecimientos. Su decisión dependería de la actitud de los romanos.

Al amanecer, los espías que había enviado a merodear por el otro campamento le informaron de que el terreno ocupado por francos y visigodos estaba vacío. Las hogueras se consumían, y ya no había tiendas, ni bagajes, ni hombres. ¿Había que aprovechar esa retirada para atacar a los romanos? Seguramente Atila les habría vencido, pero Aecio, que conocía bien a los hunos, sabía que entre ellos la victoria o la derrota es sobre todo una cuestión psicológica. Materialmente, habrían aplastado sin esfuerzo a sus enemigos, pero para vencer les faltaba la certeza de su superioridad, la confianza en el éxito. Atila había sido derrotado, y lo que es más grave, se sentía derrotado. El nómada acostumbrado al dominio de los instintos sufre más que otro hombre la influencia de esta atmósfera, favorable o desfavorable. Como todos los grandes hombres, Atila conservaba la superstición de la suerte. Si la sentía de su lado, se preocupaba poco por las fuerzas en juego, por la inferioridad numérica o por la naturaleza del terreno. Pero cuando este aliado todopoderoso desaparecía, dudaba en presentar batalla, aunque lógicamente tuviera que ganarla.

De hecho, la mala suerte se había iniciado en Reims. Quizás el rey de los cristianos se había irritado al ver que sus iglesias eran saqueadas y quemadas. Recordaba aquella voz terrible que había hecho huir aterrorizados a los hunos que se aventuraban en el atrio de la catedral. Desde ese momento todo había ido mal. De pronto pensó en convertirse en cristiano, para tranquilizar a esa poderosa divinidad.

Cuando los burgundios atacados por los hunos se habían hecho bautizar, justo en el momento en que estaban siendo vencidos, habían recibido de esa conversión un nuevo vigor, y habían rechazado a los invasores. ¿Por qué no iba a adoptar él también a ese Dios que por lo visto era un aliado tan fuerte...? Tenía que hablar sobre el tema con un sacerdote cristiano. Pero ante todo, lo importante era salir de esa nefasta región, volver a Etzelburgo y esperar el momento propicio para iniciar una nueva guerra.

Por la mañana, viendo que el campamento romano permanecía en silencio, hizo que volvieran a cargar en los carros todos los tesoros, y dio orden de preparar la partida. Jinetes que habían avanzado hasta las tiendas informaron de que no se percibía ninguno de esos signos que revelan el espíritu de ofensiva en el enemigo. Los romanos mantenían la guardia alta, pero no parecía que estuvieran dispuestos a atacar. Entonces Atila hizo que saliera su ejército, y abrigado por él, la larga fila de carros se puso en marcha a través de la llanura de Champagne, hacia el norte. Entre los enemigos no se movió nadie. Aecio, sentado ante una de las puertas, contemplaba en silencio cómo se alejaban los hunos. Sus oficiales maldecían y explicaban por lo bajo que unos enviados de Atila le habían traído oro, durante la noche, para comprar su huida. Un centurión se apresuró a escribirlo para mandar el mensaje a Ravena. Pero Aecio no les escuchaba. Miraba cómo desaparecía la retaguardia asiática. De pronto se separó de ella un jinete, solo, mirando hacia Occidente. El panonio no le veía la cara, pero le reconoció, por la misteriosa simpatía que unía a los dos adversarios.

Atila contemplaba el campo de batalla en el que los cadáveres empezaban ya a pudrirse. Más allá se hallaba Toulouse, Roma, el mar, África... Entre su sueño y él se había interpuesto esa ciudad de tela blanca en la que brillaban los reflejos del acero, y ese hombrecillo, sentado sobre un asiento plegable y rodeado de oficiales descontentos. El jinete meditaba, mientras la horda desaparecía en la lejanía, en el futuro, entre la polvareda. De pronto, los romanos vieron que agitaba la mano (no se supo si era un gesto de despedida o de amenaza), y luego volvió a reunirse con los suyos, al galope. Aecio, maquinalmente, también había agitado la mano.

Cuando los hunos ya no eran más que una nube perdida en el horizonte, dio la orden de recoger las tiendas, y las legiones, a un paso rítmico, descendieron hacia el sur.

La llanura cataláunica quedaba cubierta de armas rotas, de caballos muertos, de montones de cadáveres en los que se mezclaban todas las razas de Europa y Asia. Las cenizas y los restos de comida marcaban el lugar que habían ocupado los campamentos.

CAPÍTULO QUINCE

Tregua

La derrota de Atila en Galia respondía tanto a razones psicológicas como militares. No había encontrado entre los francos la ayuda que esperaba, ya fuera porque los daños causados inevitablemente por el paso de un ejército tan numeroso habían irritado a los habitantes del país, o porque la aparición de los bárbaros amarillos había transformado en terror la esperanza que los autonomistas más fervorosos habían puesto en la llegada de los hunos.

Los bagaudas, y en general todos los nacionalistas galos que tan duramente habían sufrido el yugo de Roma, y que todavía sentían sobre ellos su peso invisible, habían creído encontrar en Atila al salvador que los liberaría.

«Todo antes que Roma», se decían. Pero en cuanto vieron llegar la horda asiática, arrastrando tras ella a los contingentes germánicos y las tribus eslavas, esa multitud en la que jinetes desnudos armados con hachas de piedra convivían con arqueros vestidos de pieles, dominada por extraños estandartes y por símbolos incomprensibles, lamentaron haber llamado a ese ejército en el que los cascos de los caballos y el rodar de los carros producían el estruendo propio de una avalancha. Divididos entre su odio hacia Roma y su miedo hacia los recién llegados, buscaron en la huida una cierta neutralidad que ninguno de los adversarios podría reprocharles más adelante.

Meroveo, quien orgullosamente se hacía llamar «hijo de un dios de los mares», prefirió la dureza de las legiones romanas a la movilidad salvaje e inquietante de los hunos. El mismo Sangiban, que reconocía, sin embargo, a hombres de su raza en el ejército de Atila, no dudó en traicionarle en cuanto conoció la alianza de Aecio con los visigodos. El terror que se había extendido por el aspecto de los hunos, que a los ojos de las poblaciones ingenuas les daba la imagen de monstruos engendrados por brujas y demonios, consiguió someter a más rebeldes galos de lo que habría hecho posible la cruel represión de los romanos. Vacilantes, débiles, y sublevados sobre todo de palabra, los francos habían reclamado la ayuda de los hunos cuando no los conocían. Ahora solamente tenían un deseo: el de verles lo más pronto posible de vuelta al Danubio.

Atila no había previsto que las guerras recientes entre Roma y Toulouse se olvidarían tan fácilmente, y que las crueldades a las que Aecio les había sometido no impedirían a los visigodos servir bajo sus órdenes. Contaba con el parentesco de las razas existente entre varios de sus vasallos y los auxiliares bárbaros de los romanos para incorporar a éstos a sus propias tropas, pero una vez más el prestigio del Imperio, que sobrevivía a su potencia real, había triunfado.

Del Danubio al Rin, no había encontrado más que aliados o feudatarios, pero más allá empezaba el país de los francos caprichosos e indecisos, que no obedecían en absoluto al duro vasallaje militar de los germanos. Caprichosos tanto en sus amistades como en sus odios y llenos de entusiasmo por los hunos mientras se mantuvieran alejados, los detestaban en cuanto éstos respondían a su llamada. También es muy probable que a pesar de las órdenes tan severas y de la ruda disciplina que reinaba en el ejército de Atila (necesaria para asegurar la tranquilidad entre soldados de razas tan diferentes), sus oficiales tomaran de la región los alimentos necesarios para caballos y jinetes. Y como su número era tan considerable, eso quizá bastara para agotar todos los recursos en víveres y en forraje.

Por otra parte, era un ejército muy difícil de dirigir y de maniobrar. A juzgar por los pueblos que enumeran los historiadores latinos, habría contado con representantes de todas las razas escandinavas, eslavas y germánicas, desde el Altai hasta el Rin, desde el Báltico hasta el mar de Azov, por no hablar de las tribus asiáticas que ellos no conocen y que sin duda comprendían todos los matices del amarillo, desde los chinos a los nepalíes. Ningún vínculo real unía entre ellos a estos elementos heteróclitos, si no fuera un mismo deseo de pillaje y el amor por la aventura. Un ejército como ése no mantiene su cohesión más que por un gran ideal de amor o de odio. Por tanto, los vasallos de Atila solamente servían porque él los había conquistado, y los príncipes hunos debían añorar muy a menudo la antigua independencia de la que les había privado. A esta masa de hombres le faltaba un alma.

Una conquista basada en la ambición y la avidez sólo se conserva a cambio de incesantes victorias. Una especie de exaltación ficticia la sostiene, la del éxito. Esta disposición de espíritu no resiste ni al primero de los fracasos.

Los auxiliares extranjeros, y quizá los mismos hunos, rezongaron cuando Atila les prohibió saquear las regiones que atravesaban. La leyenda de «la hierba que no vuelve a crecer» es una fábula estúpida. Atila conocía demasiado bien el interés que tiene un ejército de jinetes en economizar el forraje, y en no devastar las zonas que atraviesa, puesto que posiblemente se verá obligado a volver por el mismo camino, como para dejar que los instintos destructores de sus soldados saqueasen a los galos sin ningún provecho. Desgraciadamente, una tropa que sólo lucha por el pillaje, y a la que se le prohíbe expresamente, pierde toda su fuerza moral, todo su impulso guerrero.

De manera progresiva, entre los jefes rivales de los ostrogodos, de los gépidos y las incontables naciones reunidas bajo el mando de Atila, se levantaban cada día disputas sobre las prerrogativas de rango. El «mando único» no impedía que cada uno de los generales subalternos se estimara perjudicado, ya fuera porque siempre se le destinaban los puestos más peligrosos o porque había recibido menos botín u honores que sus rivales. La victoria borra estas disensiones, pero los rencores se agravan con la derrota, y las disputas se hacen más ásperas, se cargan de ultrajes y de reproches imperdonables en un ejército vencido. Los hunos no le perdonaban a Atila que no les hubiera dejado saquear Troyes, y los ostrogodos le culpaban por haber perdido el tiempo ante Orleans. Para esos seres que no conocían más que la política de los resultados, la derrota de Châlons no era solamente un acontecimiento desgraciado, sino la condena implícita del plan de campaña. Así que cada uno podía hacer valer ostentosamente las ventajas de su propio proyecto.

El ejército huno se veía por tanto afectado no tanto por las pérdidas reales que había sufrido como por la desmoralización, que era la consecuencia de una sucesión de fracasos. Mientras recorría el campamento, en la noche siguiente a la batalla, Atila captó la cólera celosa de los príncipes vasallos, sus conciliábulos susurrados, el desánimo de los soldados. Seguía siendo más fuerte, numéricamente, que los soldados romanos, y sin duda podría haberlos vencido, pero en su ejército ya no encontraba esa respuesta inmediata y abnegada a la voluntad del jefe. Obedecería, pero sin entusiasmo, con una docilidad pasiva, y no es así como uno se convierte en vencedor. Incluso era posible que él mismo hubiese cesado de creer en su victoria.

Pero entonces, ¿y la gran conquista? ¿Roma, Constantinopla, Persia, China...? Más tarde. Y con su invencible paciencia, Atila juzgó que el momento todavía no había llegado.

Combatiendo a los romanos había notado en ellos ciertas ventajas técnicas que quería aplicar a su ejército. Convencido entonces, como todos los nómadas, de la indiscutible superioridad de la caballería, se había dado cuenta en el curso de las batallas recientes de la ventaja que representaba la legión de infantería acorazada, sólida y lisa como un muro. El problema del forraje, tan grave, quedaría resuelto si algunos escuadrones se remplazasen por personas a pie. Ante las villas fortificadas había comprobado la necesidad de nuevos medios de ataque, de ballestas, de catapultas. Había aprendido otra táctica que la practicada entre los nómadas asiáticos o entre los germanos, una guerra sabia, precisa, minuciosa. Mientras oponía a la diplomacia torpe y rudimentaria del Imperio romano un arte refinado de negociaciones y estratagemas, sus métodos de combate resultaban bárbaros, groseros frente a maniobras hábiles, tradicionales, comprobadas por la experiencia, que por su automatismo mecánico aseguraban a generales sin genio algunas posibilidades de éxito. Todos estos aspectos deberían ser por tanto modificados. Había sido un error cargar con un ejército tan numeroso. Demasiados hombres, demasiados caballos que alimentar, demasiadas mujeres en los carros. Ya pensaba en construir alrededor de Etzelburgo una gran ciudad de madera o piedra en la que habitaría la parte no combatiente de la nación. No se lastraría con elementos inútiles y voluminosos. Un ejército poco numeroso, pero aguerrido, sería más eficaz que esa multitud desordenada.

Atila volvió a llevar a su horda a las orillas del Danubio, y la dejó hibernar, mientras ponía a punto las transformaciones que quería introducir en el armamento y los métodos de combate. ¿Cuánto tiempo necesitaría para hacer útiles estas reformas? ¿Y qué importaba eso? Con magnífica despreocupación seguía viendo ante él un porvenir igualmente ilimitado.

Mientras los hunos volvían a cruzar el Rin, Aecio regresaba a Ravena con sus tropas victoriosas. Conociendo a sus compatriotas, no esperaba en absoluto ser recibido triunfalmente, pero tenía plena conciencia de su triunfo, y eso le bastaba. Ya había sufrido bastante ingratitud por parte de los romanos como para extrañarse de la frialdad que Valentiniano le demostró. El emperador no concebía las consecuencias que la victoria de Atila había provocado: Galia perdida, Italia invadida, Ravena tomada, Roma destruida, el Imperio aniquilado. Los rivales de Aecio le repetían que Atila no era peligroso más que en apariencia. El éxito que había conseguido el panonio no tenía nada de extraordinario. De hecho, ¿era él quien había ganado realmente la batalla? ¿No habían sido más bien los visigodos, cuyo valor era de sobra conocido, o los francos de Meroveo? A su lado, el aspecto de Aecio era el propio de un intrigante, de un general de antecámara. Pero en cuanto se conocieron las condiciones en las que se había efectuado la salida de los hunos se desató la calumnia. Sí, todos sabían ya que Aecio era un amigo personal de Atila, y que siempre les había hecho el juego a los hunos. ¿Cuánto habría recibido por dejarlos escapar? ¿Diez mil sólidos, como decían algunos? ¿Cien mil, como decían otros? «¡Ha traicionado al Imperio!», se gritaba alrededor de Valentiniano. Los visigodos, indignados por su actitud, le habrían abandonado al adivinar su doble juego. Su pretendida victoria no era más que una derrota, porque los hunos no habían sido exterminados... El día en que Aecio llegaba a Ravena, la corte discutía si debía acusarle formalmente.

Sin embargo, el emperador de Oriente, Marciano, había seguido con inquietud la campaña de las Galias. Ese viejo soldado se daba cuenta del grave daño que el mundo latino corría, y medía las consecuencias. Un Atila vencedor habría encontrado aliados naturales en España, como los alanos y los suevos. Llegado al Mediterráneo, habría alarmado a Genserico, quien, temiendo por su Imperio africano, se habría sometido a él. Con las Galias tomadas, Italia quedaba sin defensas. Amo de la Europa occidental, el huno se habría vuelto contra el Imperio de Oriente para aplastarlo sin esforzarse.

Él sí que comprendía que la batalla de Châlons había detenido ese avance amenazante, y que Aecio había salvado la latinidad. Pero a su entender esa victoria era insuficiente si no se convertía en el inicio de una ofensiva contra Atila. Comunicó sus intenciones a Aecio. «Hace ya más de sesenta años que el Imperio está a merced de los hunos. Todos nuestros emperadores han temblado ante estos bárbaros. Les han dado dinero. Han tolerado que conquistaran Germania. De este modo los hunos se han fortalecido con todas nuestras debilidades, y nosotros hemos dejado crecer, al mismo tiempo que su poder, el orgullo y la ambición de su rey. Es hora de cambiar de política y, si no es demasiado tarde, de pasar a la ofensiva. Dejemos a un lado nuestras querellas y unámonos contra el enemigo común, en lugar de estar esperando siempre el momento en que le vaya a parecer bien atacarnos. Tomemos la iniciativa de una guerra, expulsémoslos del Danubio, que vuelvan a las estepas en donde nacieron. Que el emperador de Occidente se fortifique en las Galias. Es ahí adonde hay que desplazar el centro de la política romana. Ravena y Roma no son más que recuerdos históricos. La suerte del Imperio se decidió en las llanuras de Champagne. Ahí, entre todas esas naciones guerreras y fieles tiene que instaurarse el centro de nuestra actividad. Abandonemos los prejuicios y las tradiciones anticuadas. Levantad defensas en las orillas del Rin. Yo haré lo mismo en las del Danubio. Y si ocurre algo, avisadme.»

Aecio reconoció en el consejo de Marciano la opinión de un hombre sano y lleno de experiencia. Pero cuando pretendió que Valentiniano lo hiciera suyo, se levantaron gritos de indignación en la corte. Después de haber sido vencido por Atila —así se interpretaba ahora la victoria en los campos cataláunicos—, ese panonio —¡un bárbaro!— quería someterlos al emperador de Oriente. ¿Qué pretendía, retomar la política de Estilicón y rehacer la unidad del Imperio, tal como requerían los intereses de ese Marciano, un soldado de fortuna, que encima era germano como él? ¿No había bastante con que la mitad del Imperio se viera gobernada por un soldadote panonio? ¿Era necesario que otro viniera también a la propia casa del emperador para usurpar sus prerrogativas? Y así proseguían los eunucos y ministros, lamentándose por la preponderancia que habían ido tomando los extranjeros, al amparo de la generosa hospitalidad que los latinos les habían ofrecido.

Valentiniano, privado de las luces maternales, no sabía a quién pedir consejo. Placidia reposaba en su mausoleo, entre la penumbra azul y dorada de los mosaicos, y su cadáver embalsamado, revestido de púrpura, gozaba ahora de la inmutable serenidad de los muertos. El emperador no tenía cerca más que a un hombre en cuya devoción podía confiar, pero en cambio le observaba con desconfianza. Imitando a su compatriota Marciano, ¿acaso no codiciaba la majestad imperial? Era popular en el ejército. ¿No estaría preparando un levantamiento? Y sin pensar que disminuyendo su prestigio debilitaba la autoridad del único general capaz de comandar sus tropas, Valentiniano se esforzaba en propagar calumnias para que los oficiales se distanciaran de él.

En Ravena se respiraba un resuelto optimismo. Sin temor a contradecirse, tras haber afirmado que gracias a la traición de Aecio, Atila se había retirado más temible que nunca, los cortesanos pretendían que había recibido una ruda lección y que no se arriesgaría más a atacar Europa. Los centuriones que acusaban al vencedor de Châlons de debilidad, de cobardía y de concusión alardeaban de sus hechos de armas y se burlaban del asiático derrotado.

En Toulouse, los visigodos se habían alegrado de la retirada de los hunos. Habían ratificado a toda prisa la decisión del ejército que nombraba a Turismundo sucesor de Teodorico. Sin embargo, pensaban que Aecio les había robado la victoria al impedirles saquear el campo de los hunos. Roma, una vez más, les había engañado haciéndoles cubrir los gastos de la campaña sin darles a cambio el provecho que hubieran podido obtener. Avito de Clermont se había hecho muy impopular como consecuencia de su política intervencionista. Se le acusaba de haber recibido dinero de los romanos, para usar en su favor la confianza que Teodorico le mostraba y para entrar en guerra contra Atila.

Éste, retirado tras el Danubio, guardaba silencio. Los jinetes hunos dejaron de merodear por las fronteras. Ningún extranjero penetraba en las tierras de Atila, y los romanos decían que, lo mismo que una fiera herida, se escondía para lamerse las heridas. Aun así, se temía verlo volver un día a la cabeza de sus escuadrones mongoles.

Del mismo modo que había consagrado cerca de veinte años para asegurar su domino sobre todas las hordas dispersas de los hunos, en Europa y Asia, Atila se preparaba en ese momento para pasar todavía varios años transformando su ejército. Anacrónica, y como mucho conveniente para combatir a las tribus asiáticas, la estrategia de los hunos tenía que adaptarse a las circunstancias y conformarse con las tácticas de sus adversarios. Para eso había que modificar absolutamente los hábitos de la raza, suprimir las costumbres nómadas que habían subsistido incluso después de que los hunos se convirtieran en sedentarios. Un gran imperio no se funda sobre carromatos, sino sobre basamento de metal y de piedra. Mientras esperaba poder alcanzar la púrpura de los emperadores en Ravena o en Constantinopla, había que hacer de Etzelburgo una ciudad poderosa, capaz de soportar un sitio, una ciudad enraizada en el suelo, y no inestable y flotante.

Los herreros cumplen sus órdenes de fabricar cascos y corazas, y se remplazan las espesas pieles por jubones de cuero ribeteados de placas metálicas. Los hunos se ejercitan en maniobrar a pie, protegidos tras un largo escudo. Los viejos mongoles contemplan estos cambios con estupefacción. Inclinan la cabeza con aire desconfiado viendo a Atila trazar planos de catapultas. Dibuja con el dedo sobre la arena, ordena que se talen árboles, hace construir pesadas máquinas, erizadas de maderos y de cuerdas, torpes como pesadas bestias. Onegesio, que en tiempos había estudiado las máquinas de guerra entre los romanos, le ayuda, pero este furor que muestra Atila en querer europeizar a cualquier precio su ejército le inquieta. Sabe que los asiáticos no adquirirán nunca las cualidades latinas, y que esta imitación no surtirá efecto. Atila no le escucha. No quiere reinar más como jefe bárbaro sobre una horda nómada, necesita un Estado poderoso y ordenado tal como había sido antes, siglos atrás, el Imperio de los hunos. Las crónicas chinas y las leyendas de su raza explican el esplendor y la fuerza de ese imperio que reinaba sobre todo el norte de Asia, y del que los hijos del cielo eran humildes vasallos. ¿Cómo se había hundido semejante imperio? ¿Cómo era posible que esas ciudades suntuosas, esos campos prósperos hubieran sido barridos del mapa? ¡Qué más da! Él quiere reconstruir ese imperio. El odio hacia Roma se ha convertido en una especie de admiración, de deseo de emulación desde que Roma le ha vencido. ¡Lo que daría por tener junto a él a un hombre como Aecio, ese Aecio con su obstinada rectitud, su devoción de perro fiel.

El oriental envidia a quien es la misma imagen de Occidente, el enemigo de Roma arde por igualar al general que es el modelo de viejo romano, «el último romano». Le gustaría ofrecer la mitad de su ejército a Aecio, para que lo comandara y entrenara a su manera, la mitad de sus estados, la mitad del imperio del mundo, para aprender sus secretos. Siente una especie de salvaje ternura por el hombre que le ha vencido, por el que es su igual. Y sin que se dé cuenta es el pensamiento de Aecio, la imitación de Aecio, lo que disgrega a su ejército, en sus esfuerzos caprichosos e infructuosos.

Si hubiese tenido tiempo de concluir sus reformas, Atila quizás habría podido equipar a la romana a las suficientes fuerzas como para vencer al Imperio. Una estrategia metódica, a imitación de la practicada por los romanos, habría remplazado la mezcla de desorden y rigor que imperaba en el ejército. Al dejar de confiar en el instinto guerrero, en el impulso ciego, habría aplicado una técnica militar, y el valor de sus escuadrones se habría multiplicado el día en que cada elemento de combate, en lugar de entregarse a su capricho y a su audacia, habría ejecutado las sabias maniobras descritas por Modesto y por Vegecio.

El tratado militar que el ilustre teórico de la estrategia había compuesto para Valentiniano *el Joven* proporcionaba a los generales romanos un «breviario» que ellos aplicaban con éxito desde hacía más de medio siglo. Los principios de Vegecio eran los que habían triunfado en los campos cataláunicos, en donde el empleo de hondas y de dardos emplomados aseguraba a las legiones armas arrojadizas tan eficaces como los arcos de los hunos. Siguiendo las instrucciones del estratega, la legión considerada como unidad de combate era a la vez sólida y ligera, variada y homogénea. Comprendía a soldados pesadamente armados, hastarios, triarios, que introducían un elemento fuerte, un esqueleto en el cuerpo móvil de los ferentarios, de los honderos y de los ballesteros. Cada legión tenía, además, su escuadrón de jinetes. La articulación fuerte y delicada de este organismo le permitía adaptarse inmediatamente a las necesidades imprevistas de la batalla. La legión tan pronto se cerraba y oponía a los asaltos de los nómadas el caparazón de la tortuga, como se extendía y lanzaba a sus jinetes sobre las alas del agresor, en el momento en que éste atacaba el muro de hierro de los escudos.

Los auxiliares extranjeros combatían a la manera de los hunos. «Estas tropas están formadas por extranjeros asalariados que vienen de diferentes países y en cuerpos desiguales», enseñaba Vegecio a los oficiales que le escuchaban. «Nada les une entre ellos; la mayoría no se conoce; cada nación tiene su propio lenguaje, su disciplina, su manera de vivir y de hacer la guerra. Pero la legión sólo tiene un espíritu, un único método de combate, es por ella misma un ejército entero.»

Cada legión transporta también sus máquinas, cincuenta y cinco carrobalistas arrastradas por mulos y servidas por once soldados, que lanzan a lo lejos sus venablos y apoyan la resistencia de los triarios, diez onagros, cada uno tirado por dos bueyes, sus equipos de pontoneros, sus talleres de carpinteros y de herreros.

Un oficial romano que había pasado al servicio de los hunos les instruía, según las órdenes de Atila, en las maniobras reglamentarias. Los mongoles obedecían dócilmente, aunque encontraran extraños e incómodos esos principios rígidos: tres pies de distancia entre cada soldado, seis pies entre una y otra fila. Se acostumbraban torpemente al empleo de escudos y de hondas.

Pero el rey ponía todo su cuidado en la construcción de las máquinas y en el entrenamiento de los hombres escogidos para servirle. Presentía que el factor individual perdía importancia, a medida que las balistas de largo alcance y los onagros que arrojaban sin esfuerzo grandes piedras tendían a suplir el material humano. Combinando los diferentes elementos de esas máquinas inventó otras nuevas, más rápidas, más potentes. Trazaba complicados planos en los que se enmarañaban mil líneas y que sus ingenieros de la madera y del hierro contemplaban perplejos hasta que, apremiados por él, se esforzaban en construirlos a toda prisa.

Despreciando la antigua tradición del «azar feliz» tan propia de los nómadas y que ya había abolido en la política, Atila oponía la técnica a la suerte. Ya que el horrible jinete que blandía el «azote de Dios» no había triunfado sobre Roma, a partir de ese momento le ofrecería otra cara, la de un soldado invulnerable en su caparazón de hierro, la del combatiente mecánico que mediante un juego de cuerdas y maderos destruye a distancia a todo un escuadrón.

El nuevo ejército que imaginaba surgido de estas metamorfosis era una máquina compuesta con la precisión minuciosa del asiático, en donde el instrumento remplazaba al hombre, le protegía y luchaba en su lugar.

¿En qué se habría convertido la horda mongola si, al concluir esta experiencia, hubiera podido unir la bravura, el vigor y la ferocidad que le eran propios, al empleo de las herramientas científicas? Quizás habría nacido una civilización nueva de esta barbarie tecnificada, victoriosa sin esfuerzo sobre el viejo edificio romano.

El destino que protegía al mundo latino no permitió llevar a término estos preparativos.

Después de que Marciano y Aecio llegaran al acuerdo de marchar juntos si se diera el caso, el prefecto de Constantinopla, Tatiano, hombre prudente y diplomático sagaz, pensó que sería conveniente extender esta alianza a los otros vecinos del Imperio, reuniendo contra Atila a un grupo de adversarios lo bastante numerosos y fuertes como para plantar cara a los hunos.

Floro, procurador de Alejandría, acababa de vencer a los blemios de Etiopía. Con ellos podrían constituir regimientos. Los partos, pacificados, se añadirían a ellos, y los vándalos también entrarían en la liga, ya que Genserico tenía miedo de que Atila le hiciese pagar muy cara su defección.

Atila conoció todos estos proyectos gracias a un espía que mantenía en la corte de Genserico. Sabía que los vándalos seguirían siendo neutrales mientras no les amenazasen directamente, y no tenía miedo de los blemios, pero la unión de persas y romanos podía obligarle a luchar en dos frentes separados y amenazaba con dejarle rodeado. No tenía tiempo de continuar con las reformas que había iniciado. Había que actuar cuanto antes, tomar la iniciativa del ataque, mientras que los enemigos de los hunos negociaban, detener por sorpresa sus deliberaciones antes de que fuesen decisivas.

La prisa, como sabía muy bien, es nefasta para el diplomático y en general, porque lleva a actos poco meditados, y entrega al hombre a la fortuna de los azares. ¿Podía hacerlo de otro modo? Mientras el Imperio había practicado en el interior y entre sus vecinos una política de división, no era amenazante, pero si en ese momento los diplomáticos de Constantinopla se ganaban para sus proyectos a Aecio y Valentiniano, y si, por otro lado, la nación parta, numerosa y fuerte, se daba cuenta del peligro que representaba para ella la vecindad con los hunos y aceptaba la alianza propuesta por Marciano, la «gran conquista» se hacía imposible.

Ganar al enemigo rápidamente, aplastar primero Roma, y luego volver sobre Constantinopla, vencer a Marciano y finalmente aterrorizar a los partos, ése era el plan que Atila se imponía. Desgraciadamente, esta necesidad inmediata surgía precisamente en el momento en que habían empezado las transformaciones de su ejército. Había que apresurarse en abandonar esas quimeras, volver a los viejos métodos de combate y utilizar una vez más el procedimiento que a los nómadas siempre les había resultado: la sorpresa.

Atila ya no piensa ni en el Rin ni en Galia. Sabe muy bien que las naciones francas, felices de haberse salvado de la destrucción gracias a la retirada de los hunos y de salir tan bien paradas, ya no le concederían su alianza, ni siquiera una neutralidad condescendiente. Todas se agruparán bajo las banderas romanas. ¿Por qué hacer, además, esa gran vuelta, perdiendo el tiempo en inútiles maniobras? Hay que llegar lo antes posible a Roma o Ravena, la capital célebre desde hace siglos en la que reside el gobierno actual. Hay que golpear al Imperio en la cabeza y en el corazón.

Atila ve un símbolo, una virtud mágica en el nombre de Roma. Con Roma tomada, se acabó el Imperio. Los caballos mongoles pisarán las escaleras del Capitolio y los mármoles del Palatino. El huno azotará con su látigo la frente de las estatuas de los césares. Los asiáticos acamparán entre los palacios, los circos y las termas, y el nombre de su rey sustituirá al de los viejos emperadores en las inscripciones de los arcos de triunfo. El mundo se asustará al conocer la noticia de la caída de la ciudad, preludio de la «gran conquista». Los historiadores del futuro escribirán: «Hizo beber a su caballo de la fuente sagrada, con su propia mano arrojó al suelo los antiguos trofeos, y la gloria de Roma se deshizo ante él como las viejas coronas de laurel, orgullo de los triunfadores.»

Roma ya no es la capital del Imperio, pero sigue siendo el centro del mundo latino, el hogar de los recuerdos, la augusta morada de sus antepasados. Ravena, la advenediza, ofrece sus tesoros de joyas y de monedas, pero Roma le proporcionará el botín de las antiguas glorias, eternizadas en la piedra y el bronce.

Atila recuerda las historias que le explicaban antes sus preceptores romanos, la del guerrero que defendió un puente contra todo un ejército, la del héroe que quemó su mano derecha en un brasero porque no había obedecido a su voluntad homicida. Se acuerda también del jinete que se tiró al abismo de los dioses infernales para salvar la ciudad. Ve de nuevo a esos hombres de cabeza redonda que dirigían los ejércitos con una cepa de viña, y a los que vestidos de púrpura hablaban en el foro.

Le daba vértigo acordarse de estas cosas. Todo lo que esos hombres habían construido, él lo aniquilaría. Ese que con su arado había sido el primero en marcar el recinto de la ciudad a construir, le vería marcar con las ruedas del carro el rastro de lo que había sido una muralla, en medio de las ruinas. Atila subía a la frágil atalaya que dominaba su palacio y miraba a su alrededor, los carros y las tiendas de cuero en la llanura. ¡Adelante, hombres de la arena! ¡Destruid el mármol y el hierro, arrasad las orgullosas moradas de los blancos! Edecón, que le velaba el sueño, le oía gritar el nombre de Roma con ronco furor.

¿Cuál será el camino más corto de Etzelburgo a Roma? Atravesar Iliria, Panonia, llegar a Venecia, y después descender hacia Italia. Los Alpes de Iliria no constituirían un obstáculo serio en cuanto acabase el invierno. Utilizaría la vía romana, las etapas de las legiones, pero esta vez los militares contemplarían el avance de los nómadas de Asia hacia la villa invencible. El paso del «río Frío» no iba a ser difícil de tomar al asalto, ya que los romanos no se esperan ciertamente ser atacados por ese lado. Aquilea estaba fortificada, pero utilizarían las máquinas de guerra, y después de ésa ya no quedaban más plazas fuertes.

Atila reúne a los príncipes de la horda y a los generales. En pocas palabras expone su plan de campaña, la ruta a seguir: Nauporto, Longatico, Alpe Julia, Fluvio Frigido, Ponte Sontii, Aquilea. Ordena que se disponga todo para la expedición. El ejército partirá dentro de dos días.

A todas éstas, en Ravena sólo se hablaba de la boda del hijo de Aecio.

CAPÍTULO DIECISÉIS

Campaña de Italia

La hostilidad de que daban prueba los ministros y cortesanos al vencedor de Châlons había irritado al ejército. A pesar de sus celos y rencores personales contra el afortunado general, los oficiales romanos hacían justicia al valor militar de Aecio, y les disgustaba que la multitud de intrigantes que rodeaban a Valentiniano lo calumniaran de tal modo.

En cuanto se enteraron de que se instruía un proceso de traición contra él, estalló la indignación, y muchos generales declararon en voz muy alta que si alguien osaba tocar a Aecio, ellos le defenderían. Aterrorizado por estas amenazas de revuelta, el emperador discutió este problema con el eunuco Heraclio y el ministro Petronio Máximo. Nunca había que oponerse a la voluntad del pueblo, le dijeron. Si Aecio es popular, atacarlo sería una torpeza. Eso sí, podría atacársele después de hacerle impopular. Valentiniano escuchó este consejo y se acordó muy oportunamente de un deseo que el panonio le había expresado el año anterior, y que él había rechazado: la boda de su hijo, Gaudencio, con una hija de Valentiniano, Eudoxia. Los cortesanos habían juzgado tal pretensión como una insolencia casi sacrílega. ¡El hijo de un soldado germano osaba desear semejante unión! Se le hizo comprender al general que no se daría curso a una demanda oficial, y que sería más conveniente abstenerse de formularla. Aecio se había inclinado, y Valentiniano había propuesto entonces la mano de Eudoxia a todos cuantos personajes le había parecido conveniente. De este modo, había hecho entrever a varios oficiales que no sería reacio a considerar que se casaran con su hija, y cada uno de ellos alardeaba en secreto de ser el yerno escogido. Todas esas ambiciones frustradas se aliarían contra el novio en el momento en que supieran que Valentiniano había escogido al hijo de Aecio, con lo que éste tendría enseguida tantos enemigos como pretendientes a la mano de Eudoxia.

Aecio vio con sorpresa ese cambio de actitud y creyó inocentemente que el emperador reconocía por fin el valor de los servicios que le había ofrecido, y que finalmente se decidía a recompensarlos. Se acogió con benevolencia a Gaudencio, y al cabo de unos días nadie ignoraba el proyecto de matrimonio que iba a vincular a la familia imperial con la del general panonio. La noticia levantó la cólera y la indignación esperadas por los ministros. Un proceso de traición habría sido ciertamente menos nefasto para Aecio que esta unión que todos juzgaban intolerable, contraria a la majestad del emperador, escandalosa, indignante.

No sabemos si fueron las alegrías del noviazgo o las preocupaciones a que dieron lugar (pues se aplazaba sin cesar la fecha de la boda, y los notables del Imperio afirmaban que podrían evitarla) lo que hizo olvidar a Aecio las obligaciones de su cargo. Obligado a defenderse en Ravena contra las intrigas de sus enemigos, descuidó la protección de las fronteras, y confió la inspección de los puestos sobre el Wipach y el Isonzo a oficiales subalternos que redactaron sus informes sin salir de Aquilea. Según éstos, todo estaba en orden, los puntos estratégicos se hallaban debidamente vigilados, y no había nada que temer por la frontera oriental. En realidad las cabezas de puente estaban abandonadas, y desde hacía varios meses no se había relevado a los soldados que las guardaban. Los menos pacientes, sin esperar el relevo, simplemente habían abandonado sus ruinosos acantonamientos para volver a sus casas.

Aecio sólo pensaba en este matrimonio que, según creía, iba a compensar todas las amarguras que había tenido que aceptar del Imperio. Estaba demasiado ocupado enfrentándose a la intriga de Petronio Máximo y de Heraclio como para seguir preocupándose por Atila.

Éste había atravesado sin sufrir la menor resistencia esos dos ríos que esperaba encontrar bien defendidos, y proseguía su avance hacia Aquilea cuando unos campesinos aterrorizados anunciaron a los habitantes de esta ciudad la llegada de los hunos. El gobernador envió con toda urgencia un mensaje a Ravena, y la corte se enteró con estupor de la espantosa noticia.

El asunto de la boda quedó definitivamente descartado, volvió a hablarse de la traición de Aecio y, de nuevo, el pobre general vio que se

levantaban contra él todos sus enemigos, los que le habían proporcionado la desgracia y los que debía al favor del emperador. Por primera vez
en su vida experimentó la desesperación. Era culpa suya si los puestos
avanzados del Isonzo y del Wipach se habían quedado sin efectivos, fa-
cilitando la entrada en Italia de los hunos. Conocía las consecuencias
nefastas que provocaría esta brusca irrupción. La población latina había
seguido sin angustia la campaña de los galos. Eso ocurría lejos del territorio romano, y las ciudades y campos no sentían ninguna amenaza directa. No había comprendido la amenaza terrible que el ejército huno
representaba para ella, y no se daba cuenta de que la batalla de los campos cataláunicos la había salvado. El peligro había quedado demasiado
alejado de esa población. No había visto a los hunos, cuyo aspecto repul-
sivo aterrorizaba a los más bravos germanos, y cuando los soldados que
habían seguido a Aecio en Châlons intentaban describirlos, siempre se
les reprochaba que fueran tan exagerados.

Pero en ese momento el terror de los aquilinos se había extendido por
todo el país, se divulgaban las leyendas más espeluznantes, y a pesar de
la costumbre de las invasiones que periódicamente avanzaban hacia Roma,
como un río desbordado, los italianos temblaban con la sola mención de
los hunos. Desmoralizados por este ataque imprevisto, privados del escudo que normalmente levantaban los galos y los germanos contra los
golpes de sus enemigos, se abandonaban a las lágrimas y a las invectivas.
La popularidad de Aecio, menguada por el proceso de traición y por el
escándalo de la boda, ya no bastaba para tranquilizarlos, e incluso cuando
éste les prometió el apoyo de Marciano, nadie le escuchó.

Una vez más, se pensó que Roma estaba perdida, y en el desorden de
una corte presa de pánico, trastornada, Valentiniano veía agitarse a su
alrededor a ministros y generales incapaces por igual de dominar la situación y de proponer las medidas prácticas.

—¿No podríamos detener a Atila ofreciéndole dinero? —preguntaba
ba el emperador.

—No tenemos —respondía Heraclio.

—¿Y si le dijera que puede casarse con Honoria? —insistía.

—Si no nos la ha reclamado es porque ya se contenta son sus trescientas esposas y no tiene necesidad de vuestra hermana —replicaba bru-
talmente el eunuco.

—Podríamos cederle una provincia...

—¿Y por qué iba a contentarse con una, cuando puede obtenerlas todas?

Pero el emperador seguía pensando en qué podría sacrificarse a la cólera de Atila.

En cuanto a Aecio, cegado en principio por el honor que Valentiniano parecía dispuesto a hacerle, no había tardado en darse cuenta de la estratagema pérfida que disimulaban esas proposiciones de boda. Había entendido que se trataba solamente de hacerlo sospechoso a los demás generales mostrándolo como un ambicioso y un intrigante. Asqueado por esas torpes maniobras, había partido de Ravena, y luego se supo que se había retirado a la casa de uno de sus amigos, en Liguria. No respondió a los requerimientos que se le enviaron desde la corte para que volviera.

Divididos entre su odio hacia el gran estratega y la necesidad que tenían en ese momento de un general capaz de detener a los hunos, Valentiniano y sus ministros se mostraban contrariados por esa defección. Pero el resentimiento de Aecio no podía durar demasiado tiempo. Ciertamente se preocupaba poco por los hombres que gobernaban. No obstante, por encima de ellos veía a esa entidad a la que había dedicado toda su vida, a la que había sacrificado su tiempo, sus fuerzas, sus ambiciones personales: el Imperio. No era de su raza, y tenía todo el derecho de odiar a ese pueblo que había oprimido a los suyos, reducidos a un vasallaje humillante. Todas sus tentativas de rebelión, todos sus rencores y sus revueltas estaban dominados sin embargo por un solo pensamiento, un solo deber: su juramento de fidelidad al Imperio. Era lo único que le vinculaba a unos amos extranjeros a quienes despreciaba porque conocía su mediocridad, su envilecimiento. Fidelidad feudal que no conoce en absoluto los lazos de raza o de sangre, sino solamente el pacto que encadena a un hombre para toda su existencia. Aecio volvió a Ravena.

Encontró innumerables cábalas, proyectos extravagantes, una presunción alocada que había sucedido a la desesperación más excesiva. La corte le pareció una jaula de monos irritados, y los más ruidosos vestían la púrpura, la espada y el laurel. Si hubiese atendido a sus simpatías, se habría unido a Atila, que le seducía por la profunda ciencia política, los planes de conquista vertiginosos, la audacia y la veneración a la suerte. Era el hombre del futuro, el bárbaro nuevo, el que aporta posibilidades infinitas. No destruía por el placer de destruir (Aecio lo sabía muy bien), sino para construir algo diferente. ¡Cuánto habría preferido trabajar en esa construcción nueva, en lugar de taponar las incesantes grietas que se abrían en el monumento tambaleante de la gloria romana!

Personalmente, las cualidades que veía en Atila serían las propias de un jefe, de quien va hacia algo, del que quiere y actúa, y estaba seguro de que el rey le habría dado en su ejército un lugar preponderante. Cuando pensaba en las fuerzas prodigiosas que los hunos lanzaban hacia el futuro, admiraba con toda su alma al guerrero, la audacia de ese sueño y la valentía de sus realizaciones. En el ejército de Atila habría encontrado a más compatriotas que en el de Valentiniano. En Châlons se habían reconocido en el curso de la batalla, y Aecio se alegraba de haberla vencido, pero aun así lo lamentaba en cierto modo, como si hubiera impedido que ocurriera algo grande. Cuando sus oficiales alardeaban de haber salvado el mundo latino, se decía: «¿Merecía que lo salváramos?», y todo su corazón estaba con Atila.

A pesar de esta atracción, a pesar de la ingratitud de Roma, servía a Valentiniano contra Atila. Era una de esas trágicas ironías del destino que había opuesto a estos dos hombres, hechos para amarse y unirse.

Tras el asunto de la boda, Aecio había decidido que no iba a dirigir más el ejército. ¡Era demasiado viejo! «Que Roma se las arregle —pensaba—, ya no me ocuparé más de eso. Que Atila haga lo que pueda, que siga su destino. Ya no volverá a encontrarme frente a él.» Pero después había pensado en su juramento, y suspirando había retomado la espada corta y el casco redondo.

Atila asediaba Aquilea. Las máquinas de guerra que había fabricado sobre el modelo de las máquinas romanas batían cada día los muros y las puertas. Las catapultas lanzaban bloques de roca, los arietes con cabeza de bronce golpeaban sin descanso, y hacía que sus carpinteros construyeran altas torres rodantes destinadas a dominar las murallas de la ciudad. Los soldados habían cavado zanjas, habían plantado en ellas puntas de hierro y chuzos, y las habían cubierto con taludes de hierba. En lugar de tirar sus flechas al azar, como en un capricho infantil, espiaban las costumbres de los vigías, y demostraban una maravillosa habilidad en hacer blanco en las troneras en cuanto un ojo curioso aparecía en ellas.

Aquilea resistía. Era una ciudad acostumbrada a las invasiones. Bastión de Italia contra los germanos del Danubio y los orientales, rica por la actividad de sus campos y por la actividad de su comercio, orgullosa de su preponderancia marítima, celosa de Ravena, la capital adriática no

estaba dispuesta a concederle a esa rival afortunada el placer de verla
sometida. Aunque estaban aterrorizados por los hunos, los habitantes de
la ciudad decidieron luchar sin tregua y salvar a Aquilea tanto del oprobio de la capitulación como de los desastres de la derrota. Amparada en
sus defensas naturales, en el Natissa de aguas caudalosas que rodeaba las
murallas, en sus almacenes bien aprovisionados de municiones y de víveres, en una guarnición intrépida, acostumbrada a medirse con los bárbaros, Aquilea creía que iba a poder resistir lo suficiente como para des-
gastar la paciencia de Atila y dar tiempo de llegar a los refuerzos solicitados.

Mientras esa puerta de Italia permaneciera cerrada, el Imperio no se
vería directamente amenazado. La población contemplaba desolada sus
campos devastados, sus cosechas pisoteadas por los caballos, pero eso les
daba nuevas fuerzas para defender su ciudad.

Las reformas que Atila había introducido en sus métodos tácticos
empezaban a dar sus frutos. Los aquileanos pudieron comprobar enseguida que no se enfrentaban a una horda salvaje. Un ejército disciplinado
y bien equipado maniobraba ante las murallas, y aunque pudiera parecer extraño y algo cómico ver a esos asiáticos adaptando las formaciones
cuadradas en el ejercicio de la tortuga, o el manejo de las balistas, no
dejaron de sentir cierto miedo al ver que los asaltantes desbarataban astucias que tradicionalmente sorprendían a los bárbaros, y que empleaban
procedimientos estratégicos propios únicamente, hasta aquel momento,
de los romanos.

Mientras que el sitio de Metz y el de Orleans habían sido conduci-
dos desordenadamente, sin principios, y que la fuerza de los ataques de
los hunos se había utilizado contra los muros, frente a Aquilea los movimientos militares fueron desde el inicio precisos, minuciosos y rigurosos
como una partida de ajedrez. Y se pensaba con terror en esa fuerza que
de pronto había transformado esa horda que galopaba con el capricho
propio de un río desbordado, en un ejército adiestrado en los modos de
combate de los occidentales, recogido como en un puño cerrado, o empujado como la punta de un ariete, para golpear y vencer.

En ninguno de los dos lados se cometían imprudencias, no había prisa.
Se trataba más bien de un juego reñido de ataques y de respuestas, un
juego en el que dos adversarios se medían con tranquilidad. Atila disfrutaba con ese juego, nuevo para él. Le servía para reencontrarse con las
combinaciones de la diplomacia, con la superioridad de la inteligencia

y de la astucia, que obedecían a una cierta geometría, a cierto arte, incluso. No solamente no quería exponerse, si pasaba de largo, a dejar tras de él una plaza fuerte que podría obstaculizarle la retirada, sino que además incluso perdía el tiempo a propósito en esas sabias maniobras en las que desplegaba un ingenio mayor que en la batalla en campo raso, y que le permitían utilizar la experiencia que había adquirido el año anterior.

Mientras se obstinaba en asediar Aquilea, Marciano, advertido de la irrupción de los hunos, equipaba un ejército para socorrer al Imperio de Occidente. Aecio, de vuelta en Ravena, reunía a las fuerzas romanas, reforzadas con algunos contingentes francos y visigodos. Sin embargo, a Atila no podía dejar de irritarle la tan larga resistencia de la ciudad. Tras haber agotado, por una y otra parte, todas las estratagemas tradicionales, los adversarios seguían en sus posiciones, expectantes. En el ejército se levantaba el rumor de los descontentos. Los campos devastados ya no le ofrecían recursos, y los escuadrones tenían que ir a asaltar las poblaciones intactas, cada vez más lejanas. Los habitantes del lugar habían huido llevándose todo lo que habían podido después de destruir las cosechas, talado los árboles y quemado las provisiones que se habían visto obligados a abandonar.

Atila ordenó que se redujeran las raciones. Los soldados raramente comían carne, pues los campesinos de la región se habían llevado todo el ganado. Se alimentaron de animales muertos, y los que lo habían hecho sufrieron enfermedades que no tardaron en propagarse como epidemias por todo el campamento. La larga espera de un asedio era demasiado contraria a las costumbres de los nómadas como para que aceptaran sin rechistar las privaciones y el aburrimiento de maniobras cuya necesidad no comprendían. Si los proyectos de su jefe les habían atraído era sobre todo por la ocasión que suponían de saqueos fáciles y fructuosos. La disciplina que Atila les había impuesto el año anterior, durante la travesía de Germania y la campaña de Galia, también había creado resentimiento. Los tradicionalistas hacían burla de sus métodos nuevos, y los audaces le acusaban de ser demasiado calculador. Su popularidad, muy amenazada por la derrota de Châlons a pesar del abundante botín con que se habían cargado los carros, no iba a resistir un asedio largo y sin éxito. Oía las murmuraciones que se levantaban en el campo, y los oficiales insistían sobre los graves cambios que se habían producido en la moral de las tropas. Tanto por el temor de ver aparecer al ejército de Marciano por el camino de las legiones que acababan de seguir los hunos como por la necesidad de satisfacer a la opinión pública, el asedio a Aquilea debía concluir.

Consideraba que la ciudad era por el momento inasequible. Antes de obligarla a rendirse se tenían que agotar sus provisiones de víveres, y por lo que parecía disponía de agua y alimentos abundantes. Pensó en levantar el sitio y seguir con el avance. Pero tanto el orgullo como la prudencia le llevaban a retrasar cada día esta decisión. No le gustaba ceder a la necesidad y dejar detrás de él una amenaza siempre dispuesta.

En estas dudas se encontraba cuando el destino escogió por él. Mientras observaba, con Scota y Edecón, las torres de la ciudad, un día vio que una cigüeña tomaba el vuelo y hacía que sus pequeños abandonaran el nido por delante de ella. Señaló con el dedo al ave y, pensativo, dijo a sus compañeros:

—Los animales poseen sentidos que a nosotros nos faltan. A veces presienten acontecimientos que tienen que llegar, de ahí que los adivinos se sirvan de ellos para sus presagios. Si yo también tuviera que profetizar, diría que esta madre prudente aleja a sus hijos de una ciudad en peligro y que va a construirse un nido más seguro en una ciudad lejana que no esté amenazada por Atila. ¿Será que la caída de Aquilea está próxima?

—Eso depende de nosotros —replicó Scota.

—No —respondió Atila—. En nuestras manos está cumplir los presagios, pero no somos más que los instrumentos de una fuerza que ignoramos.

—Demos la orden de asalto —replicó simplemente el huno—, así comprobaremos el valor de los augurios que pueden obtenerse de las aves.

Al alba del día siguiente todo el ejército huno formaba ante Aquilea. Al toque de la trompa se lanzó, de pronto, y mientras los primeros asaltantes echaban sobre el río puentes de madera, otros transportaban escaleras, hacían avanzar las torres de asalto o empujaban los arietes. El aburrimiento del largo sitio, el furor de las privaciones, el deseo del botín, animaban con un impulso extraordinario a la horda mongola. En un instante las murallas se cubrieron de hunos que empujaban hacia el centro de la ciudad a los defensores desbordados por esa multitud, aterrorizados por su rabia asesina y destructora. Desde lo alto de las torres los arqueros limpiaban las calles y las plazas barriendo con una lluvia de flechas a los grupos enloquecidos de mujeres y niños.

La orgullosa ciudad que había resistido durante largas semanas fue inundada de pronto, como por un torrente. Los muros se resquebrajaron y los incendios se propagaron por todas partes. La irrupción de los hunos por las puertas derribadas empujó hacia la catedral a los italianos que luchaban torpemente, aplastados en callejones estrechos, golpeando a ciegas, mientras las flechas precisas escogían los resquicios de las placas de acero y las partes de la cara que no quedan protegidas por el casco.

En cuanto la matanza acabó, Atila recorrió la ciudad a caballo. Concedió dos horas para el saqueo, y luego el ejército huno se puso en marcha, rumbo hacia nuevas victorias. Los soldados volvían a estar de buen humor, se habían reencontrado con su espíritu guerrero. Cantaban las antiguas canciones de Asia que, desde las fronteras de la arena, acompañaban a las familias nómadas.

Mientras Aquilea aguantaba, parecía que el Imperio fuera invencible, y Aecio aprovechaba ese plazo para apremiar el reclutamiento de las legiones y de la caballería bárbara, al tiempo que recomendaba a Marciano que trajera su ejército cuanto antes. La larga resistencia de la ciudad había tranquilizado a los más tímidos. Ya creían que no tenían nada más que temer de los hunos, puesto que Aquilea les había resistido. Pero en cuanto se conoció la noticia de la destrucción de la ciudad, la corte de Ravena volvió a enloquecer de pánico. Aecio envió frente a Atila a un pequeño ejército comandado por el mejor de sus generales, con el fin de ganar tiempo, y propuso desplazar la sede del gobierno a un lugar menos expuesto.

—Van a tomar Ravena —decía—, tenemos que evacuar enseguida.

—Pero ¿adónde iremos? —preguntaba el emperador, desconfiado.

—A Galia. Allá el Imperio estará a salvo, como ocurrió en Châlons —respondió el general.

La idea de partir de Ravena levantó la cólera de los ministros. Volvieron a acusar al panonio de ambición desmesurada, de conspiración contra la seguridad del Estado.

—Quiere llevarse al emperador a Galia para secuestrarlo —decían algunos. Otros pretendían que ya se había entendido con Atila para entregar Italia sin combatir.

—¿Y qué haremos en Galia, entre los bárbaros? —gemían los cortesanos—. ¡Seremos más desgraciados que Ovidio entre los escitas!

Y esas gentes para las que el terror de cambiar de costumbres o de perder su preponderancia política borraba el temor a los hunos, rechazaba enérgicamente abandonar Ravena y encontraban en su cobardía la fuerza suficiente para resistir a los más sabios consejos.

Hábiles para descubrir en las opiniones de Aecio los signos de una negra perfidia, disuadieron a Valentiniano de entregar su salvación y el porvenir del Imperio a las manos de ese intrigante. Ya puestos, era lo mismo pagarles un tributo a los hunos que exiliarse a Galia bajo las órdenes del panonio.

Máximo le recordaba constantemente al emperador que la ambición de Aecio no iba a retroceder ante nada.

—Si se os quiere llevar a Galia —le decía—, es para separaros de vuestros fieles servidores, y luego para encerraros en un calabozo, para mataros y poder reinar en vuestro lugar.

También asustaba al débil monarca con las torturas que, según decía, le reservaba el feroz general, y todas las razones que éste invocaba se convertían en otras tantas armas que, alzadas contra él por los ministros, se oponían a sus consejos.

Ante tanta obstinación Aecio renunció a su proyecto y se contentó con situar a las tropas de que disponía a las orillas del Po para detener la invasión de los hunos.

Durante ese tiempo, los vénetos abandonaban precipitadamente tierra firme para refugiarse en las islas de la laguna. Insanas y estériles como eran, no podrían tentar la avidez de los hunos, que así no malgastarían su tiempo persiguiéndoles.

Los aquileanos que habían sobrevivido a la toma de su ciudad se habían desplazado a Grado, y los paduanos, previendo la suerte que les esperaba, abandonaron su ciudad y se instalaron en Rialto. Torcello ofreció asilo a los habitantes de Altinum, y pronto esas franjas desiertas se cubrieron de viviendas en las que se instaló una nueva civilización. Los vénetos se alejaron de la tierra, confiaron al mar su destino, su gloria y su prosperidad. Los hunos encontraron ante ellos un país devastado en el que no quedaba ni un fruto, ni un grano de trigo. Entraron en ciudades abiertas, tomaron Concordia, Verona, Padua, subieron hasta Milán, saquearon Bérgamo, después bajaron hasta Brescia, e invadieron Cremona, que se entregó sin combate.

El ejército de Aecio seguía al sur del Po, y algunos destacamentos aislados fueron los primeros en iniciar las escaramuzas con los hunos. Atila estaba a la vez contento e inquieto con estos triunfos fáciles. No encontraba soldados ante él, sino ciudades abiertas que lo acogían sin hostilidad. A veces incluso lo recibían con todos los honores y halagos. Los habitantes de Mantua le demostraron su sumisión desde el momento en que apareció, y ofrecieron grandes fiestas para complacerle. A cambio de sus docilidades, estas ciudades se salvaban del pillaje, y sus habitantes, acostumbrados a las invasiones periódicas, se decían que los bárbaros entraban por una puerta y salían por otra, remplazados poco después por nuevos bárbaros. Lo esencial era evitar la batalla, tras la que los civiles siempre asumen los cargos de la represalia que pagan con la pérdida de sus moradas y de todos sus bienes. Los poetas locales no tenían ningún inconveniente en poner su talento al servicio del vencedor, ni en alabar hiperbólicamente su valentía y sus virtudes. Componían estrofas a la gloria de Atila (¡también las habrían compuesto en honor a Alarico o Radagaiso, si éstos les hubiesen permitido seguir con vida!), a pesar de la irritación y el asco que el rey huno demostraba hacia esos homenajes serviles. Se cuenta que Marullus, un poeta calabrés, había reunido un día a la población italiana y al ejército huno en el anfiteatro de Mantua, y que se puso a declamar un elogio tan exageradamente adulador que Atila se enfadó y quiso quemar en medio del escenario al autor y a sus rollos.

Valentiniano reprochaba a veces a Aecio que dejara devastar de esa manera, sin resistencia, Lombardía, pero el general le tranquilizaba.

—Dejadles hacer. El tiempo trabaja en nuestro favor. El país dará cuenta de Atila, sin que tengamos que exponer nuestras legiones.

Pero como el emperador se encontraba demasiado cerca de los invasores y se temía por Ravena, expuesta a un ataque por mar, la corte se mudó a Roma.

El verano de 452 fue particularmente agobiante. Desde el mes de junio el calor se hizo insoportable. Los hunos habían tirado las pieles con que se abrigaban, pero se sentían agotados por la fatiga y las enfermedades. El país devastado ya no les proporcionaba los víveres necesarios. Sin combate, el ejército se debilitaba cada día más. Las aguas corruptas propagaban epidemias que diezmaban la horda. Los nómadas, acostumbrados a los rigores del frío, resistían mal el calor sofocante del mediodía. Se arrastraban sin fuerzas, y se quejaban de las privaciones que tenían que soportar. Cuando Atila, con la intención de estimularlos mediante alguna batalla, buscaba al adversario, veía cómo desaparecía de su vista, atrayéndole a llanuras desiertas, a villas vacías en las que el hambre y la sed torturaban a sus soldados.

La táctica de Aecio era hábil. El calor y las privaciones iban a hacer más daño a los hunos que las legiones mal pagadas, mal equipadas y mal dirigidas. Pero la corte no lo aprobaba. A su entender era indigno de la gloria romana dejar campar a los bárbaros sobre el suelo latino. Si había que creer a los inofensivos estrategas de palacio, el general habría tenido que tomar la ofensiva, vigorosamente. Se le acusaba de debilidad, de cobardía. ¿No había quizás algo más, además de esa cobardía? «¿No os parece sospechosa, su actitud? —murmuraba el eunuco Heraclio—. Deja que tomen Aquilea, y abandona Venecia y Lombardía. Mañana Ravena caerá en manos de Atila, y después le tocará a Roma. ¿No habrá alguna traición detrás de todo esto?»

Los agravios contra Aecio se acumulaban. Había dejado escapar a los hunos tras la batalla de Châlons, había desguarnecido los puestos fronterizos justo por donde Atila había entrado en Italia. Había querido llevarse al emperador a Galia, y sacrificaba provincias enteras al furor de los bárbaros, sin ni siquiera esbozar un gesto de amenaza.

La calumnia se hizo muy pronto mucho más ruidosa «¡Hay que arrebatarle el mando!», se gritaba, y cada uno de los grandes personajes de la corte proponía el nombre de un general. Desgraciadamente Máximo y Heraclio patrocinaban a dos candidatos diferentes, y el emperador era absolutamente incapaz de escoger entre ellos, por el riesgo de disgustar a uno de sus confidentes.

Valentiniano preguntó a algunos oficiales. Sus respuestas fueron semejantes: el ejército romano era incapaz de luchar contra los hunos, había que evitar a cualquier precio una batalla que sería funesta.

—¿Y entonces? ¿Acaso tenemos que dejar que devasten toda Italia? —dijo Valentiniano desesperado.

—Pedid la paz —sugirió alguien.

Desde el inicio de la invasión, el papa León había ordenado la celebración de oraciones públicas en todas las iglesias de Italia para implorar la protección del cielo contra el azote. En el mundo cristiano gozaba de un prestigio inmenso debido a su elocuencia, cultura y piedad. El emperador le consultaba a veces, en los momentos difíciles, y volvió a recurrir a él, esta vez para saber qué actitud convenía tomar respecto a Atila.

—No estamos en condiciones de resistir —dijo el emperador—. Hay que parlamentar. Desgraciadamente, ya no puedo tener confianza en ninguno de mis ministros. Los conozco, sé que son falsos, codiciosos y necios, y nadie en la corte es digno de remplazarlos. El mismo Aecio me traiciona. ¿Qué debo hacer?

—Ese bárbaro quizá no carezca de respeto hacia nuestra religión —respondió el Papa—. El año pasado respetó Troyes por la súplica que le hizo el obispo Lobo. Posiblemente salvaríamos Roma si se lo pidiéramos.

Valentiniano aprobó con entusiasmo la idea, y suplicó al Papa que fuera él mismo a implorar la piedad de Atila. León vacilaba, pero el emperador le describía en términos tan emocionantes las desgracias del país que finalmente consintió.

—Daos prisa —dijo Valentiniano—, porque todavía está en Mantua, en donde descansa su ejército. Reuníos con él antes de que esté en disposición de volver a entrar en campaña.

La corte se enteró con alegría del éxito de su campaña. Por varias razones. Ciertamente, porque iba a detener a los hunos, pero también porque consagraba la desgracia de Aecio, la quiebra del valor militar, la superioridad de los negociadores civiles por encima de los generales.

Aecio no había sido informado del proyecto del emperador. Pasaba revista a las tropas romanas acampadas a orillas del Mincio con una creciente esperanza. Había observado la debilidad de los hunos. Mil signos que no escapaban al ojo de un hombre de guerra evidenciaban el cansancio, el desánimo. Sabía que una gran parte de su ejército no se encontraba en condiciones de combatir, diezmado por las epidemias, agotado por el hambre y el calor. «Si en el mes de agosto no han salido de Italia —pensaba—, ya no dispondrán de ni un solo hombre válido, ni de agua, ni de víveres, y podré expulsarlos, sin esforzarme, con algunas legiones.»

Con la diferencia de que esta vez no tendría por qué temer a sus aliados, y podría matar a los hunos, y hasta quizá podría hacerse con Atila, para aniquilar la amenaza que el Imperio asiático hacía pesar sobre el mundo latino.

Los soldados romanos a los que el clima no incomodaba vencerían con facilidad a un adversario ya muy falto de fuerzas a causa de la enfermedad. Había que esperar a un momento de cansancio extremo, de completo agotamiento, para caer, de golpe, sobre los hunos.

Se acercaba a Roma, contento por la buena noticia que iba a llevarle al emperador, cuando vio que por el camino avanzaba un extraño cortejo. Sacerdotes vestidos con sus casullas avanzaban portando cruces, ciriales e incensarios, sin dejar de entonar sus cánticos. El sol hacía brillar el oro de las custodias y de las dalmáticas.

Se detuvo. Ante él pasaron monjes en sayal, y obispos cruzados y mitrados. De pronto reconoció al Papa, a caballo. Iba acompañado de dos patricios, el cónsul Avieno y el prefecto Trigecio. Les seguían una multitud de diáconos, de niños de coro y de chantres.

Aecio, estupefacto, contemplaba el desfile de este extraño ejército. Se inclinó al paso del Papa, que le bendijo. «¿Adónde irán?», se preguntaba el general. Pero había sorprendido en los ojos de Trigecio, en el momento en que sus miradas se cruzaban, una expresión de burla malvada que le incomodó.

Galopó hacia Roma, se precipitó hacia el Palatino y pidió ver al emperador. Se le contestó que se encontraba rezando y que no recibía a nadie. Cuando anunció que traía noticias urgentes se levantaron las burlas a su alrededor. El peligro ya había sido conjurado, los generales ya no contaban, la salvación de Italia había sido confiada a otras manos. El eunuco Heraclio salió en ese momento de la cámara imperial. Aecio le agarró por el brazo.

—¿Qué ocurre aquí? —gritó angustiado.

—Hemos encargado al Papa que negocie con Atila —respondió el eunuco con sosiego.

El general miró por un instante, encolerizado, a los cortesanos que se burlaban de él, y salió bruscamente.

La situación del ejército huno se hacía cada día más grave. Atila sentía que el instrumento que él había fabricado con tanto cuidado se desmoronaba. Si quería tentar una ofensiva, tenía que actuar cuanto antes, pues la revuelta y la enfermedad no iban a dejarle más que fuerzas irrisorias. Convocó a los jefes de la nación, Scota, Edecón, Orestes, Onegesio y sus hijos mayores. El rey les expuso sus intenciones:

—Tenemos que marchar sobre Roma cuanto antes. El ejército no dispone ya de más energía física, ni de resistencia moral. Se hace necesaria una victoria para devolverle la confianza, la esperanza, el impulso guerrero. Tenemos que tomar Roma enseguida, de lo contrario no podremos hacerlo nunca. Las fuerzas de las que disponemos hoy nos permiten dominar al ejército romano, pero mañana quizá llegue Marciano, y los francos, y nos veremos en la obligación de resistir a tropas poderosas y frescas.

Orestes y Onegesio aprobaron la decisión. Scota guardaba silencio. Apremiado por el rey, dijo por fin que Roma siempre había traído la desgracia a los extranjeros que querían adueñarse de ella. Los dioses de los paganos y el dios cristiano la cubrían con su protección. Atacar esa ciudad equivalía a exponerse a su cólera. Recordó esa voz que había aterrorizado a los hunos ante la catedral de Reims.

—Desde ese momento —añadió— empezaron las derrotas. Nuestros carros están llenos de objetos preciosos. ¿Para qué arriesgarnos a perderlo todo en combates inciertos? Volvamos a casa antes de que el ejército de Oriente llegue para cortarnos el paso.

Como el griego Onegesio se burlaba de estas supersticiones, Escota preguntó, con gran enfado:

—¿Con qué vamos a combatir? ¿Con estos soldados que no se tienen en pie? Las fuerzas sobrenaturales protegen a Roma. Alarico, que la había conquistado, la abandonó precipitadamente por la noche, y ocho días más tarde murió de manera misteriosa. Nuestra retirada ya sería bastante difícil ahora mismo, a través de un país devastado. ¿No sería pues peligroso bajar todavía más al sur, cuando el emperador de Oriente puede llegar en cualquier instante?

Atila dudaba. Le preocupaban muy poco los carros cargados con el botín. Su ambición tenía un objetivo más amplio, y su orgullo se acomodaba mal a una segunda retirada.

—Marchemos sobre Roma —decía Orestes—, hagámoslo ahora que nuestro ejército aún conserva cierto vigor.

—¡No entraré en Roma! —gritaba Edecón—. ¡No temo a los hombres, temo a los dioses!

Hacía mucho tiempo ya que Atila no consultaba a los hechiceros. Había dejado de creer en sus presagios eternamente favorables, y uno contrario le habría privado de toda su confianza. Veía que Roma estaba al alcance de su mano, recordaba todas las humillaciones que había sufrido de pequeño, el juramento que entonces había hecho de destruir los palacios, las iglesias, los arcos de triunfo. Dejar escapar una presa tan hermosa, cuando ya casi la alcanzas, ¿no era una locura? Pero se decía que el valor militar de su ejército se había reducido, que arrastraba a una multitud débil y hambrienta, expuesta a todos los fracasos, y que Roma ciertamente iba a defenderse.

Dudaba, y de pronto se oyeron los gritos de los vigías. Un ejército del que se distinguían los reflejos metálicos a través de la polvareda se acercaba al Mincio, y probablemente iba a atravesarlo por el vado del Acroventum Mamboleium. Atila soltó un grito de alegría. Los romanos venían ante él, para ahorrarle los azares de la indecisión. Dio la orden de prepararse para el combate, al tiempo que enviaba a uno de sus oficiales como adelantado para hacerse una idea de las fuerzas enemigas.

En unos instantes, el ejército de los hunos quedó dispuesto en formación de batalla y avanzó hacia el Mincio. Poco después el enviado volvía, trastornado. Describió esa extraña cohorte de prelados y religiosos, esos hombres desarmados que cantaban. El jefe era un anciano de larga barba blanca, vestido completamente de blanco y montado sobre un caballo blanco.

Atila hizo que el ejército se detuviera. Seguido de algunos jinetes galopó hacia el río y percibió al otro lado la tropa que el oficial había visto. El viento agitaba suavemente las banderas, las cruces oscilaban en lo alto de largas astas, y el humo del incienso ascendía lentamente. Los obispos vestidos de oro, los monjes de marrones y de negro rodeaban al hombre de blanco detrás del cual se levantaban inmensos abanicos de plumas blancas.

A esta altura de su curso el río era estrecho y vadeable. Atila hizo avanzar su caballo al interior del cauce, y después se detuvo, miró largamente al anciano que también le miraba y gritó con violencia:

—¿Cómo te llamas?

—León —respondió una voz, y todo el cortejo dejó de cantar.

—Un león de melena blanca, un viejo león majestuoso y temible —murmuró Edecón, que había seguido a su rey.

Atila vacilaba en medio de la corriente. De pronto atravesó el río y, chorreando, alcanzó la otra orilla.

El Papa salió de entre el grupo de prelados para colocarse ante el huno. Atila veía ante él a ese viejo, solo, pero le parecía revestido de truenos y de rayos, como el amo de una religión poderosa, y conoció el temor que le había hecho recular ante Troyes cuando Lobo le había pedido que perdonara la ciudad.

El cortejo romano había reiniciado sus cantos, a media voz, y los hunos que se habían quedado al otro lado del río observaban cómo su jefe hablaba con el hombre blanco. Nadie sabrá nunca lo que se dijeron uno a otro, pero de pronto Atila se alejó del anciano, atravesó el río y volvió al galope. Impartió unas cuantas órdenes breves entre sus oficiales. El ejército dio media vuelta, subió hacia el norte, retomó el camino de las legiones y desapareció.

—Demos gracias a Dios, pues nos ha salvado de un gran peligro —le dijo el Papa a Valentiniano en cuanto llegó a Roma.

Aecio no compartía el entusiasmo general. Sabía que Atila, supersticioso, impresionable, obedecía a estos caprichos súbitos. Aunque su retirada hubiera salvado a Italia de un peligro inmediato, eso no había destruido la fuerza de los hunos. El Imperio podía tomarse un respiro muy útil, pero la amenaza seguía subsistiendo. Atila no renunciaría a una presa que había visto casi entre sus manos. Volvería.

CAPÍTULO DIECISIETE

El arco roto

El ejército de Atila se disponía a retomar la vía de las legiones, que había seguido, pero se supo que las tropas de Marciano avanzaban por Panonia. Para no correr los riesgos de un combate se dirigió hacia Bohemia para luego volver al Danubio.

Durante la ausencia del rey habían estallado revueltas en Rusia. Los alanos reivindicaban su independencia, y en cuanto llegó a Etzelburgo, Atila tuvo que volver a partir para someterlos. Esta campaña ocupó el otoño de 452. De vuelta a su capital resolvió reiniciar las hostilidades cuando hubiera reconstruido su ejército. Se hizo una llamada a las tribus asiáticas, y escogió con cuidado los contingentes gépidos y ostrogodos que le acompañarían.

Sin embargo, la unidad de la nación quedaba lejos de realizarse, aunque esta vez las causas de la discordia ya no se encontraban en las hordas lejanas, sino que habían nacido en la misma familia del rey.

Atila poseía un gran número de hijos, cerca de sesenta, según se decía, pero seis de ellos gozaban de su aprecio particular y los mantenía cerca de él. El mayor, Ellak, jefe de los acatziros, había acompañado a su padre a Galia y a Italia con los guerreros de dicha tribu. Los otros hijos comandaban algunos escuadrones, pero no habían recibido ningún reino y esperaban con impaciencia los que Atila les había prometido. Cuando hablaba con ellos de la «gran conquista» los distribuía por adelantado: China para Dinghizik, Galia para Emnedzar, Italia para Uzindur, Hunia para Ellak, Persia para Ernak, África para Geisen. Desgraciadamente, la realización de estos ambiciosos proyectos se retrasaba, y los hijos reclamaban sus herencias. Ya que los reinos prometidos seguían quedando muy lejos de sus manos, querían por lo menos algunas partes del vasto Imperio huno, no dejaban de importunar a su padre para que a cada uno le hiciera donación de una provincia, como había hecho en el caso de Ellak.

Atila veía con temor esas codicias que le rodeaban y le apremiaban para reiniciar la lucha. Ávidos por reinar, sus hijos criticaban su falta de decisión. La parada ante el Mincio, la renuncia a Roma, el retorno sin gloria, todo eso les humillaba. Su ambición era más grande que la del padre, ya no soportaban tanta paciencia y largos preparativos. Querían resultados inmediatos.

El rey sabía que no se reprimían a la hora de criticar su conducta en la guerra y sus métodos de gobierno. Esa impaciencia le resultaba graciosa, pero en secreto la temía. Una obra vasta y duradera como la que deseaba no se construye a toda prisa. Él mismo, cuando era joven, había creído que bastaba con montar a caballo y arrastrar tras de sí una horda, al galope, para ganar imperios. La experiencia le había enseñado que también eran necesarias largas meditaciones, e intentos, y fracasos, para conquistar. Recomenzar sin cesar lo que era imperfecto, rehacer sin cólera, sin cansancio, y producir cada vez un instrumento mejor.

Había querido que sus hijos heredaran esa ambición para que pudieran acabar su obra si él la dejaba incompleta. Su deseo de dominación no se limitaba a su persona, se confundía con su nación, quería para los hunos el imperio del mundo. Pero al vincular a sus hijos en sus proyectos había querido formar a sucesores, no a rivales. Aun así, en esos momentos algunos de ellos estaban a la cabeza de los descontentos. Le superaban en audacia y en impaciencia, y era posible que un día intentaran suplantarlo.

La docilidad con la que Atila había acogido la solicitud del Papa había sorprendido a todos los jefes hunos. Sus espíritus supersticiosos, que temblaban al sentirse cerca de Roma y al recordar la suerte de Alarico, habían recuperado el arrojo desde el momento en que se habían alejado de allí, y ahora criticaban el temor que había hecho retroceder a Atila. Olvidaban que ellos mismos habían alimentado ese temor, y una vez pasado el peligro no pensaban más que en el botín del que se habían visto privados.

En esas condiciones se hacía necesaria una nueva expedición a Italia, para saciar la ambición de hijos y oficiales. La popularidad de Atila era grande, pero numerosos fracasos la habían puesto a prueba. Bastaba con que uno de sus hijos se sublevara con una parte de la nación y se hiciera proclamar rey para que toda la horda le siguiera. Así, llevado por el temor a verse destronado, preparó la nueva expedición, pero esta vez le faltaba el elemento principal de la victoria, la fe en el éxito.

Ya no creía en la «gran conquista». Tenía más de sesenta años, y era demasiado tarde para tomar China, y Persia, y el Imperio romano. Quizás otro hombre pudiera hacerlo, pero él no. El deseo se había atenuado, lo mismo que el odio. A veces deseaba volver a conducir a la horda hacia Asia central, para volver a su vagabundeo por las pacíficas praderas.

Tras su reencuentro con el Papa, ya no creía en la fuerza, mejor dicho, había visto que ese anciano inofensivo, acompañado por hombres desarmados, podía detener al rey de los hunos y a sus jinetes. Había percibido una fuerza de otra naturaleza, una fuerza espiritual que irradiaba alrededor de ese hombre y que le había obligado a obedecer. Precisamente porque había ambicionado, más que cualquier otro, la fuerza material, el dominio sobre los cuerpos, era más sensible que los demás a esa fuerza que doblega conciencias y voluntades. Aecio era un gran general, pero quizás algún día podría vencerlo. Pero con ese anciano no podría jamás, aunque le torturara, aunque le matara. Porque en él vivía una energía sobrenatural que supera al hombre, que sobrevive a él.

Como sabía que era igual a los más grandes soberanos, presentía la existencia de un monarca más poderoso que ellos, más poderoso que él, más allá de la tierra. Su mismo orgullo necesitaba esta aceptación de un poder divino. Ese Dios del que él era el azote, vivía aquí abajo en la persona de ese anciano, y a él había obedecido en cuanto le había ordenado que se fuera de Italia. Con mayor docilidad si cabe, puesto que entonces se encontraba en un periodo de depresión, de desánimo, como jefe de un ejército inutilizable. Luego había rehecho ese ejército, incorporándole elementos nuevos, vigorosos, audaces, pero su espíritu conservaba la marca de ese acontecimiento, su voluntad conservaba el pliegue que le había dado la sumisión. Había perdido ese resorte que le lanzaba hacia el enemigo como una flecha, esa fe en la oportunidad que le prometía la «gran conquista».

Se sentía viejo, gastado, desanimado, hostigado por sus hijos impacientes, incapaz de satisfacerlos lo mismo que de dominarlos si se rebelaban. Ese espíritu guerrero que había desaparecido tras los reveses ya volvería más adelante, pensaba. Eso esperaba. Por el momento, fiel a sus antiguos principios de no intentar nunca tomar por la fuerza aquello que podía obtenerse mediante la astucia, inició nuevas negociaciones con los emperadores.

El tributo pagado por Teodosio y que Marciano había rechazado pagar, no se había vuelto a reclamar. Escribió a Constantinopla para exigir los retrasos y para decir que en el futuro esperaba una mayor regularidad. Al mismo tiempo reivindicaba a Honoria, de la que afirmaba que era su novia. Debilidades de viejo. Los argumentos que había empleado Valentiniano en respuesta a esa demanda ya hecha anteriormente eran justos, y nada había modificado una situación que él mismo había reconocido como legítima. Por azar, al repasar un día sus joyas, había encontrado el anillo que la joven romana le había enviado hacía tanto tiempo. ¡Debía de ser ya una anciana! Ese anillo le traía recuerdos de un momento de ambición febril, en el que su naciente gloria soñaba con la conquista, y el descubrimiento de la espada, y la primera embajada a la que había recibido, y la muerte de Bleda... ¡Qué lejos quedaba todo aquello!

Marciano le había respondido que si quería el tributo que lo fuera a buscar, y Valentiniano invocó que Honoria ya estaba casada, era una madre de varios hijos muy satisfecha de su fortuna.

Atila sintió que todos sus subterfugios ya estaban gastados, eran caducos, y que sus tentativas de intimidación y sus astucias se hacían torpes. Por otra parte, la impaciencia de sus hijos le asustaba y le obligaba a actuar. Tenía miedo de su hambre de jóvenes lobeznos.

El rechazo de Marciano le ofreció el pretexto que buscaba. Anunció a los hunos que en primavera atacaría el Imperio de Oriente, y ordenó que lo prepararan todo para tal expedición. Hizo una gira de inspección entre sus vasallos germánicos. Algunos de ellos habían proclamado su independencia, en la creencia de que los hunos habían quedado definitivamente apartados de los asuntos europeos. Les demostró su poder mediante la ejecución de los jefes que se habían rebelado. La hija de uno de ellos, una joven de maravillosa belleza, llamada Ildico, le imploró inútilmente la salvación de su padre. Atila no hizo ningún caso de sus ruegos ni de sus lágrimas, y volvió hacia Etzelburgo. Sin embargo, la belleza de la suplicante le había emocionado, y deseaba convertirla en su esposa. Se la llevó consigo, y desde el momento en que llegó a su capital, la horda se preparó con alegría para celebrar las bodas reales. Los hunos veían un feliz presagio en esta boda, y Atila, enamoradísimo de su nueva esposa, olvidaba su vejez, sus decepciones, su desánimo.

Todos los vasallos de Atila, germanos, eslavos, asiáticos, acudieron a la ceremonia nupcial. Una multitud de carros cubrió la llanura, y los preparativos de fiesta se mezclaban con los movimientos de tropas, ya que el rey quería entrar en campaña inmediatamente después de la celebración de la boda. Los hijos de Atila contemplaban con disgusto la alegre impaciencia que animaba a todos los invitados. Estimaban que su padre cometía una locura al tomar a una nueva esposa, a su edad, y se burlaban despiadadamente del viejo enamorado.

Los esponsales se celebraron con gran solemnidad. Los jefes de las tribus habían traído los regalos acostumbrados, como los caballos y la leche de yegua en una jarra de madera, pero también joyas de oro y de jade, telas de púrpura, alfombras, sedas bordadas, sillas de montar con piedras preciosas incrustadas. Un viejo príncipe de Asia ofreció jarras de bronce adornadas de signos misteriosos arrebatadas a los chinos, y otro, extrañas pinturas y estatuas de marfil.

El banquete fue muy largo, y se bebió una considerable cantidad de vino. Atila vaciaba una copa a la salud de cada uno de los huéspedes distinguidos, y como éstos eran numerosos el rey no tardó en estar borracho. Bufones danzarines animaron a la asistencia, los malabaristas fueron causa de admiración por su pericia en jugar con las bolas y los puñales, y se mostraron, entre gritos de sorpresa, animales desconocidos o monstruosos.

Toda la jornada transcurrió entre estas diversiones. Cuando cayó la noche, mientras sus huéspedes seguían cantando y bebiendo, Atila condujo a su nueva esposa a la cámara nupcial. Maravillado por su brillo blanco y rubio, la desvistió violentamente y se echó a su lado.

Esa noche, el emperador Marciano, en su palacio de Constantinopla, se despertó sobresaltado y lanzó un gran grito. Explicó a los oficiales que enseguida le rodearon que acababa de tener un sueño muy extraño. Veía un arco que le amenazaba, y de golpe ese arco se había partido en dos y había desaparecido. «Es un presagio de gran importancia para el imperio —dijeron los oficiales—. Este sueño anuncia sin duda que un temible enemigo de nuestro país, cuyo odio y codicia tendían sin cesar una flecha hacia Constantinopla, acaba de morir...» Marciano dijo una plegaria y volvió a dormirse.

En la gran sala de Etzelburgo, los invitados derribados por el exceso de alimentos y de bebidas caían al suelo. El alba fría iluminó a esa multitud de durmientes tendidos sobre las pieles y los bancos. Solamente la guardia particular de Atila, comandada por Edecón, velaba a la puerta de la cámara nupcial. Los hunos, embrutecidos por la borrachera, se quedaron hasta mediodía echados allá donde habían caído como bestias ahítas. El sol brillante les despertó, y se desperezaron pidiendo más de beber. Apenas se hubieron despabilado un poco, ya volvían a estar borrachos, y el festín volvió a empezar.

Los bufones que les divertían hicieron alusiones obscenas a la ausencia de Atila. Al calor del vino, los huéspedes no se reprimían en sus bromas sobre el ardor amoroso del rey, pero Onegesio se mostraba inquieto. A sus preguntas, los guardias respondieron que no habían oído ningún ruido en el interior de la habitación. Un silencio tan prolongado preocupaba también a los familiares de Atila. Sabían que los placeres amorosos no le ocupaban demasiado tiempo, y que ni siquiera la curiosidad de una nueva esposa le había retenido jamás durante tanto tiempo.

Edecón llamó suavemente a la puerta, y luego más fuerte. A pesar de los golpes y los gritos, nadie respondió. El estupor invadió entonces a los oficiales. Llamaron a los hijos del rey, que abandonaron apresuradamente la sala del festín. En un instante, una multitud angustiada se concentró ante la estancia. Nadie se atrevía, sin embargo, a abrir la puerta. Los ministros de Atila dudaban, y sus hijos murmuraban entre ellos, cuando de pronto Edecón rompió la cerradura a hachazos y entró.

La luz cayó sobre el lecho, y vieron a Atila tendido sobre el vientre, desnudo, con los brazos en cruz. La manta de piel blanca sobre la que yacía estaba inundada de sangre. Onegesio se precipitó sobre el rey, y tocó su cuerpo ya frío. Los oficiales se aproximaron de uno en uno, rodearon el cadáver y lo examinaron atentamente para descubrir la causa de la muerte, pero no percibieron ninguna herida. Comprobaron que la sangre había surgido a raudales de la boca de Atila. Los médicos que olfatearon el cuerpo no encontraron evidencias de envenenamiento.

En un rincón del cuarto, Ildico, envuelta en velos que ocultaban su rostro y su cuerpo, temblaba. En un principio la cólera de los hunos se volvió hacia ella, pero a todas las preguntas no respondió más que palabras confusas, y su mirada, como la de un animal enloquecido, no se despegaba del suelo.

La gran sala del festín quedó despejada de sillas y bancos. En su centro se levantó un lecho mortuorio que recibió el cadáver de Atila. El pueblo reclamaba al asesino. La horda entera se apretaba, gritando, ante la empalizada que rodeaba el palacio, y los guardias la contenían profiriendo injurias. Cuando Scota apareció, se hizo un gran silencio. Anunció que la muerte del rey se había debido a causas naturales, que se había ahogado en su propia sangre, sin duda como consecuencia del festín durante el que había bebido y comido en exceso. Nadie era responsable de esa muerte aparte del destino que guía a los hombres y al que nadie puede resistirse. Alabó las virtudes del difunto y proclamó que al día siguiente se le iban a dedicar unos funerales más solemnes todavía que los que normalmente se celebran en honor de los reyes, por el deseo de gloria y grandeza para su nación. Terminó invitando a todos los hunos a participar en esta ceremonia, y a alegrar con sus juegos guerreros el espíritu del jefe que sobrevivía a sus restos mortales.

Ya desde la mañana los jinetes recorrieron con grandes gritos la ciudad de los carros invitando a los hombres a los juegos fúnebres. Todos y cada uno tomaron su arco y saltaron sobre su caballo. En el centro de la llanura se había levantado una tienda de seda, bajo la cual reposaba el cuerpo de Atila. Los ministros y los oficiales, en cuclillas en torno a la tienda, lloraban. La nación huna se había reunido en un gran círculo, y de esta masa agitada se escapaban por momentos, como el ruido del viento, gemidos de desesperación. De pronto se hizo el silencio. Los poetas cantaron las alabanzas al rey. Acompasados por el silbido de las flautas y por el ronquido de los tambores, sus salmodias se elevaban temblorosas de entre la horda muda. Con voz aguda enumeraron las conquistas de Atila y de sus vasallos, los países que había hollado con su talón, y los que voluntariamente le habían rendido homenaje. Después celebraron la gloria de los antepasados que les habían conducido, a través del mundo, hacia las llanuras fértiles y los pastos abundantes. Cuando se callaban, durante algunos minutos, después de cada estrofa, la multitud atenta murmuraba y, en ocasiones, profería gritos.

Los juegos de los jinetes alternaron con los cantos. En el espacio que había quedado libre entre la tienda y los espectadores, se lanzaban al galope, tendían sus arcos hacia el cielo, hacían girar sus hachas, y sus lazadas silbaban. Las flechas se cruzaban por encima de la tienda. Se excitaban mediante gritos salvajes, y se provocaban para combatir. Los guerreros célebres participaron solos, en un principio, en estos simulacros, pero pronto la exaltación se contagió a la multitud, y a cada instante nuevos jinetes venían a incorporarse a ellos. Un agolpamiento confuso y cegado por el polvo, embriagado por los aullidos, giró en un vértigo cada vez más rápido alrededor del cadáver del rey. El sol avanzaba en el cielo, sin que los juegos y los cantos se detuvieran. La horda no era más que una masa agitada por violentos reflujos, recorrida por los clamores. El galope de los caballos producía un estruendo semejante al de una tormenta, y los asistentes, inconscientes del tiempo que pasaba, se enajenaban con la velocidad y con los gritos de entusiasmo y de desesperación.

En el momento en que el sol poniente, tras el horizonte, produjo un último reflejo sobre la tienda brillante, la agitación cesó de pronto, y el silencio inmovilizó a la multitud. Obedeciendo a las órdenes de los jefes se dispersó para desplazarse a sus respectivos campamentos. Los notables hunos, así como los jinetes que habían sido escogidos para acompañar a Atila, se quedaron solos alrededor de la tienda. La tela de seda fue arrancada. Sobre preciosas alfombras yacía un hombrecillo amarillo, envuelto en pieles. Sus puños cerrados conservaban la violencia de la conquista y de la dominación. Su rostro expresaba una extraña sonrisa colérica, de resignación y de pesar. A su alrededor, en el suelo, se hallaban los signos del poder, las coronas de los reyes vencidos, las espadas de los jefes germanos, los bastones de jade de los soberanos asiáticos. Los despojos de palacios, catedrales y templos de todos los dioses se amontonaban, junto con amuletos, talismanes y estatuas sagradas. Había también espléndidos arreos, sacos llenos de joyas y jarrones de oro. Junto a la cabeza, un arco, un carcaj sin ornamentos y una jarra de madera.

En cuanto llegó la noche, los oficiales cavaron una amplia fosa, en la que colocaron el cuerpo del rey y sus tesoros. Echaron los objetos preciosos a la tumba que pronto estuvo llena. Entonces amontonaron tierra, hasta que se elevó un alto túmulo. Hacia medianoche habían acabado su trabajo. En ese momento, los jinetes que habían solicitado el honor de seguir al muerto al más allá hicieron al galope una última vuelta al túmulo. Después se les degolló, se mató a sus caballos y se les colocó en pie, sobre estacas, alrededor de la tumba. Sentados sobre sus monturas, con el arco y el carcaj en la mano, formaban un círculo de figuras terribles cuyos rostros miraban hacia todos los puntos del horizonte, hacia todas las regiones del mundo que Atila quería conquistar.

EPÍLOGO

La voluntad de un hombre había aglutinado los elementos dispares del Imperio huno. Su ambición los había apretado en un puño, que luego había levantado hacia Roma, hacia Constantinopla, hacia China. Todas las razas hostiles unas a otras habían sido arrojadas al molde por su ímpetu, pero no se habían fundido, ni amalgamado.

Una y otra vez, los acontecimientos habían demostrado a Atila hasta qué punto esa unión era artificial. Ese imperio inmenso que iba desde la Gran Muralla china al Danubio era, en realidad, una yuxtaposición de pueblos que sólo estaban unidos por la personalidad del jefe. E incluso a pesar de esta personalidad, a cada momento alguna fisura abría una brecha en ese muro.

Los vasallos de los hunos conservaban su fuerza, su espíritu de independencia. Atila nunca había querido imponerles las costumbres de los hunos. Respetaba sus leyes, y a menudo se contentaba con un juramento de fidelidad. La fragilidad de ese edificio político no se hizo evidente mientras vivió el hombre que constituía su piedra angular. Tras su muerte, todo se desplomó.

Las causas de esa muerte permanecieron en el misterio. Se dijo que Ildico había vengado a su padre degollando a Atila. Otros sospecharon de sus hijos. La versión que atribuía la muerte a un ataque de apoplejía fue la que se extendió entre el pueblo, y éste se conformó.

Sin embargo, en cuanto los jefes volvieron a Etzelburgo tras los funerales del rey surgieron innumerables dificultades.

Ellak, el primogénito, afirmó que iba a continuar la obra iniciada por

Atila y que para hacerlo era necesario dotar a la nación de un solo jefe. Onegesio, Scota y los principales oficiales le apoyaban. Onegesio mostró los peligros de una partición que llevaría a la nación al desorden que la agitaba antes del reino de Atila, de una división que devolvería a la horda a sus caprichos nómadas. Pero los demás hijos no aceptaron de ninguna manera esa opinión. El reino era un patrimonio común que había que repartir entre los herederos del rey. Ellak no tenía más derecho que otro a reinar. Invocaron las antiguas costumbres, las que habían puesto en el mismo trono a Oktar, Rua y Aebarso. O se dividía el reino, o todos los hijos reinarían juntos.

Onegesio conocía los defectos de ambas soluciones. Ellak no tenía el genio de su padre, pero reinando a solas impediría la fragmentación del Imperio, el conflicto de las ambiciones y de los deseos contradictorios.

Por el contrario, si los cinco hijos elegidos por Atila entre la multitud de su descendencia pretendían gobernar a un tiempo, se habría acabado la cohesión que con tanto esfuerzo su padre había introducido entre los hunos.

Los vasallos extranjeros escuchaban, mudos, esta discusión. De pronto, uno de ellos se levantó. Era Ardarico, rey de los gépidos, un jefe importante al que Atila consultaba a menudo y a quien había confiado el mando de un numeroso ejército.

Ardarico dijo que la fidelidad prometida a Atila por los auxiliares germanos y eslavos sería respetada fuera cual fuese el sucesor, pero que deseaban un rey que pudiera conservar el espíritu aportado por el conquistador y realizar sus proyectos. Los otros vasallos lo aprobaron ruidosamente, y declararon que como habían hecho en el pasado apoyarían a una nación fuerte y animada por una ambición poderosa, pero que si se fragmentaba, sus aliados retomarían su independencia, pues no les complacía obedecer a un reino debilitado o menguado.

Los jóvenes príncipes Denghizik y Ernak amenazaron entonces con castigar severamente a los rebeldes, y estalló una violenta discusión. Onegesio la interrumpió dejando para el día siguiente sus conclusiones.

Los jinetes muertos que guardaban el túmulo de Atila solamente protegían ya el recuerdo de una gran ambición. En unos meses, la nación fabricada por el hijo de Mundzuk se pulverizó. Su partición comportó inacabables discusiones, y los vasallos aprovecharon para proclamar su autonomía. Los nuevos reyes intentaron someterlos, pero fue en vano. Ellak fue vencido por Ardarico cerca del río Netad, en Panonia. Murió en esa batalla, junto a otros 30.000 hunos. Denghizik, que reinaba sobre los ulsinguros, los angisciros, los bitugores y los bardures se vio desposeído del poder por los ostrogodos comandados todavía por los hermanos Valemiro, Teodemiro y Videmiro. En la frontera asiática, Gan Cheu, rey de Turfan, hijo del monarca guerrero Yon-Goei, hostigaba a los hunos y los expulsaba de sus dominios. El Imperio chino también les atacó por su flanco, mientras que Ravena y Constantinopla preparaban nuevas expediciones para aplastar a la raza de Atila.

Pocos meses después de la muerte del jefe ya no quedaba nada de su obra. Los hunos divididos, devueltos a sus costumbres nómadas, habían dejado de inquietar a Europa. Los que se habían quedado alrededor de Etzelburgo no constituían ya más que un islote perdido entre pueblos blancos dentro de los cuales iban a fundirse pronto.

Parece que Atila arrastra tras de sí a un destino trágico a todos los actores de este inmenso drama. Turismundo, rey de los visigodos, reinó durante tres años, pero un día fue atacado bruscamente en su palacio, en el mismo instante en que Ascalcruo, su secretario, le sangraba. Sin armas, perdiendo sangre, aplastó a sus adversarios a golpes de taburete, y después se derrumbó, agotado, atravesado por las puñaladas.

Aecio no tuvo mayor fortuna. Valentiniano, obsesionado por las calumnias de sus ministros, que le presentaban al panonio como un peligroso rival, intentó en varias ocasiones hacerlo asesinar. El general había escapado a todas esas tentativas, pero un día el emperador le quitó la vida en su propia estancia, con sus propias manos. Poco después sería él quien caería bajo los golpes de Máximo, a cuya mujer había violado.

Los principales personajes cuyo destino había unido su suerte a la de Atila desaparecieron de este modo poco después de él. El tumulto de miedo creado por los hunos se extinguió. Los pueblos volvieron a ocupar sus lugares, el reflujo de las naciones compuso nuevas fronteras, y el mundo fue pronto un lugar por el que Atila no parecía haber pasado.

Los poetas errantes cantaron sus aventuras, y la narración de su gloria siguió la lenta marcha de los carros. Las ciudades destruidas volvieron a levantar sus murallas. Los campos en los que «la hierba no volvería a crecer» ofrecieron nuevas cosechas. Mientras el cuerpo de Atila se descomponía lentamente bajo los tesoros de Europa y Asia, un halo de leyendas le rodeaba de fosforescencias.

Y posiblemente un joven jefe de horda soñase ya con tender un arco invencible en los cuatro ángulos del mundo, y lanzar a sus jinetes al galope hacia la «gran conquista».

BIBLIOGRAFÍA

Anónimo: *Attila dans les Gaules en 451*, por un antiguo alumno de la Escuela Politécnica.

Apollinaire, Sidoine: *Panégyrique d'Avitus.*

Aquitania, Próspero de: *Crónicas.*

Beauvais, Vincent de: *Speculum historiale.*

Bierbach: *Die letzten Iahre Attilas.*

Bonfini, Antonio: *Ungaricorum decades.*

Casiodoro: *Crónicas.*

Deguignes: *Histoire générale des Huns.*

Diácono, Pablo: *Crónicas.*

Gibbon: *Historia de la decadencia y ruina del Imperio romano.*

Haage: *Geschichte Attilas.*

Hidacio: *Crónicas.*

Isidoro de Sevilla: *Las historias de los godos, vándalos y suevos de Isidoro de Sevilla.*

Jordanes: *Chroniques des Goths.*

Juvencus Coelius Calamos Dálmata: *Vita Attilae.*

Kaufmann: *Forschungen zur deutsche Geschichte.*

Kohler, Charles: *Vie de sainte Geneviève.*

Lebeau: *Histoire du Bas-Empire.*

Mascon: *Geschichte des Deutschen.*

Mommsen, Theodor: *Aetius.*

Olahus, Nicolaus: *Attila.*

Priscos en *Corpus scriptorum byzantinae historiae.*

SABELLICUS: *Ennéades.*
THIERRY, Amédée: *Histoire d'Attila et de ses successeurs.*
—: *Histoire de la Gaule sous l'Administration romaine.*
THURÓCZY: *Chronica Hungarorum.*
VILLARI, Pasquale: *Le invasioni barbariche in Italia.*

ÍNDICE ONOMÁSTICO

Aebarso, rey del Cáucaso, 21, 31, 46, 50-53, 196

Aecio, Flavio, 19, 26, 33-39, 45-46, 50, 63-64, 74, 76-77, 98, 101, 104, 113, 115, 118-125, 128, 130, 132-187, 197

Agustín, san, 35

Aignan, obispo, 133, 135-138

Alarico, jefe visigodo, 9, 21, 34, 177, 181, 186

Apolinar, Sidonio, 136

Arcadio, emperador romano de Oriente, 21, 72

Ardarico, rey de los gépidas, 125, 141-142, 196-197

Ascalcruo, secretario de Turismundo, 197

Aspar, general romano, 35, 104

Astur, ave, 25

Atenais, mujer de Teodosio, 72

Atil (Atila), 25

Atli (Atila), 25

Avieno, cónsul, 180

Avito, Mecilio, 136, 159

Balamir, rey huno, 28, 49

Basilio, jefe hispano, 67

Beler, antepasado, 25

Berend, antepasado, 25

Berik, 103, 106, 140

Bezter, antepasado, 25

Bleda, hermano de Atila, 28, 31, 42, 46, 50, 52, 54-56, 97, 104

Bolug, antepasado, 25

Bondofort, antepasado, 25

Bonifacio, ministro, 35-38, 63, 76

Bor, antepasado, 25

Bukem, antepasado, 25

Bulchu, antepasado, 25

Cadicha, antepasado, 25

Carpilio, antepasado, 34

Casio Herculano, Flavio, 123

Cercón, moro, 104

Cham, antepasado, 25

Chanad, antepasado, 25

Childerico, rey de los francos, 129

Chus, antepasado, 25

Constancio, secretario de Atila, 97, 101, 105
Constanciolo, 101
Constantino, emperador, 90
Crisafio, eunuco, 72-74, 80-86, 107-114, 117-120

Dama, antepasado, 25
Denghizik, 185, 196-197

Edecón, embajador, 74, 79-87, 90, 92, 95, 104, 106-112, 140, 164, 174, 180-182, 190
Elad, antepasado, 25
Eliak, rey huno, 53
Ellak, jefe de los acatziros, 99, 103, 185-186, 195-197
Emnedzar, 185
Epigenio, embajador, 39, 41, 44
Ernak, hijo de Atila, 103, 185, 196
Escam, ministro, 96
Esla, mongol, 42, 96, 106, 110-111
Esteban, san, 130
Estilicón, regente, 9-10, 12, 19, 26, 34, 158
Eté, antepasado, 25
Etzel (Atila), 25
Eudoxia, hija de Valentiniano, 167, 168
Eudoxio, médico marsellés, 67, 118

Federico, hermano de Teodorico, 148
Félix, patricio, 35-36

Floro, procurador de Alejandría, 163

Gainas, rey bárbaro, 12
Gan Cheu, rey de Turfan, 197
Gaudencio, padre de Aecio, 26
Gaudencio, hijo de Aecio, 167, 168
Geisen, hijo de Atila, 185
Genoveva, 131
Genserico, rey vándalo, 36-37, 47, 63, 67, 118, 124, 140-141, 157, 163
Gunther, comandante, 129, 135

Hemerito, hermano de Teodorico, 148
Heraclio, eunuco, 167-169, 178, 180
Honoria, princesa, 56-57, 60, 121-123, 169, 188
Honorio, Flavio, emperador romano de Occidente, 9, 16, 19, 23
Huldin, comandante, 10-12, 16-17, 23
Hunerico, hijo de Genserico, 118

Ildico, mujer de Atila, 188, 191, 195

Juan *el Usurpador*, 34-35

Kear, antepasado, 25
Kerka, reina, 105
Kevé, antepasado, 25

Kulche, antepasado, 25
Kuridak, príncipe huno, 51, 53

León, papa, 178, 179, 182
Levente, antepasado, 25
Lobo, obispo, 141, 179, 183

Marciano, soldado panonio, 120-121, 157-158, 162-163, 169, 173-175, 181, 185, 188-190
Marullus, poeta calabrés, 177
Maximino, Cayo Julio Vero, 85-86, 89-95, 100-102, 105-109
Máximo, Petronio, 167-168, 178, 197
Meroveo, rey de los francos, 135, 138, 142-149, 153, 157
Mike, antepasado, 25
Miske, antepasado, 25
Modesto, escritor romano, 161
Mundzuk, rey huno, 16-17, 21, 23-26, 28, 49-50, 196

Nembrot, antepasado, 25
Nicasio, obispo, 130

Oktar, rey huno, 21-22, 31, 50, 196
Ompud, antepasado, 25
Onegesio, griego, 42, 76, 84, 98-100, 102-103, 160, 180-181, 190, 196
Opos, antepasado, 25
Orestes, germano, 41, 76-85, 89-92, 98, 101, 106, 110, 112-113, 180-181

Otmar, antepasado, 25
Ovidio, 175

Patroclo, obispo de Arles, 36
Pedro, san, 116
Pelagia, mujer de Aecio, 35
Placidia, madre de Valentiniano III, 33, 35-38, 56, 76, 113, 158
Plintas, embajador, 39-41, 43
Priscos, escriba griego, 86-89, 107, 108, 109
Promoto, oficial, 98
Pulqueria, hermana de Teodosio, 72

Radagaiso, lugarteniente, 9-11, 16, 177
Radar, antepasado, 25
Reel, antepasado, 25
Romano, oficial, 98
Rómulo, fundador de Roma, 77
Rómulo, conde, 98, 101, 102, 105
Rotemer, hermano de Teodorico, 148
Rua, rey huno, 16, 19-23, 31-32, 34, 38-39, 42-44, 46, 50, 59, 196
Rudli, antepasado, 25
Rufino, ministro, 21
Rusticio, intérprete, 93, 101

Sangiban, jefe alano, 115, 132, 135-136, 138, 143-147, 153
Saro, rey, 10-12, 16
Scemen, antepasado, 25
Schongar, *véase* Astur
Scota, mongol, 42, 92-94, 140, 146, 174, 180-181, 191, 196

Sebastián, ministro, 37-38, 63
Servasio, obispo de Tongres, 116
Severo, obispo de Tréveris, 22
Silvano, 101
Suldan, antepasado, 25

Tarkans, antepasado, 25
Tatiano, prefecto de Constantinopla, 162
Tatullo, padre de Orestes, 98, 102
Teodomiro, rey de los astrogodos, 197, 125
Teodorico, rey de los visigodos, 118, 124, 131, 132, 134, 135, 136, 138, 141, 143, 144, 145, 146, 147, 148, 149, 159, 159
Teodosio, emperador romano, 21, 39-41, 44-45, 50-51, 61-64, 69-71, 74-75, 80, 83-86, 89, 95, 102, 105-106, 108-109, 112-113, 119-121, 133, 188
Teodosio II, emperador de Oriente, 23, 32-33, 43, 72-73, 79
Tibato, 67
Tito, diácono, 36
Trigecio, prefecto, 180
Turda, antepasado, 25
Turico, hermano de Teodorico, 148

Turismundo, 136, 143-148, 159, 197

Uzindur, hijo de Atila, 185

Valemiro, comandante ostrogodo, 197
Valente, emperador, 21
Valentiniano *el Joven*, 161
Valentiniano, 57, 63, 69, 72, 75-76, 98, 101, 118-119, 122-125, 157-159, 163, 167-171, 176-179, 183, 188, 197
Valentiniano III, emperador de Occidente, 33, 35, 56, 115, 121, 132, 136
Vegecio, escritor romano, 161
Videmiro, comandante ostrogodo, 197
Vigilas, agregado de embajada, 80-82, 85, 89-95, 105-114

Yon-Goei, monarca guerrero, 197

Zambur, antepasado, 25
Zamur, antepasado, 25